Dr. A. v. Braunschweig · WILDKRANKHEITEN

Wild- krankheiten

Von Dr. Albrecht v. Braunschweig

LANDBUCH-VERLAG GMBH · HANNOVER

Titelbild und 32 Fotos vom Verfasser
1 Foto: Tierärztliches Institut der Universität Göttingen

Landbuch-Verlag GmbH, Hannover, 1984,
3., verbesserte Auflage

Alle deutschen Rechte vorbehalten, Reproduktionen, Speicherung in Datenverarbeitungsanlagen, Wiedergabe auf elektronischen, fotomechanischen oder ähnlichen Wegen, Funk und Vortrag – auch auszugsweise – nur mit Genehmigung des Verlages.

Satz, Druck und buchbinderische Verarbeitung:
Landbuch-Verlag GmbH, Hannover

ISBN 3 7842 0291 8

Einleitung

Im vorliegenden Buch soll der Versuch unternommen werden, dem Leser in sehr knapper, aber dennoch verständlicher Form die wichtigsten Zusammenhänge des Seuchenentstehens, der Parasitenkreisläufe, der Erkennungsmerkmale der Wildkrankheiten darzulegen und hilfreich bei der Fleischbeschau zu sein.

Der Krankheits- oder Seuchenablauf weist bei näherer Betrachtung bei den meisten Krankheiten ähnliche Hintergründe auf. Sie sind im Lebensraum, dem Nahrungsangebot und der Besiedlungsdichte durch Tier und Mensch zu suchen. Es wäre sinnlos, wollte man Wildkrankheiten ohne die Zusammenhänge im Lebensraum betrachten. Das Auftreten von großen Verlusten im Wildbestand ist immer mit ungünstigen Umweltbedingungen oder zu hohen Tierbeständen verbunden. Einzelvorkommen der verschiedenen Krankheiten wird es natürlich immer geben. Je ungünstiger die Lebensbedingungen und je höher die Tierbestände angestiegen sind, um so drastischer wird die Natur durch Krankheiten eingreifen, um das Gleichgewicht wieder herzustellen. Wir müssen deshalb bei seuchenhaftem Auftreten von Wildkrankheiten in konsequenter Weise zuerst nach den Ursachen der Wildverluste durch Krankheiten suchen. Man darf hieraus den Schluß ziehen, daß

> Wildkrankheiten notwendige Regulatoren
> im natürlichen Lebensraum

sind, auch dann, wenn sie den Interessen der Menschen zuwiderlaufen.

Aus Sicherheitsgründen für den Menschen oder für unsere Haustiere oder aus wirtschaftlichen Erwägungen kann es geboten sein, Wildkrankheiten zu bekämpfen oder Heilbehandlungen einzuleiten. Ersteres gilt für gefährliche Seuchen, wie Tollwut oder Schweinepest, letzteres wird mehr in Gatterrevieren zur Anwendung kommen. Um eine Wildkrankheit in den Griff zu bekommen, muß man natürlich über ihre Erreger und deren Lebenskreislauf, über Seuchenverlauf, Infektionsgefahr für Mensch und Tier, über tierseuchenrechtliche Belange und vieles andere ein gewisses Maß an Wissen haben.

Hierfür sind die folgenden Abschnitte und Tabellen ein kurzer Leitfaden.

Wildkrankheitsursachen

Als Ursachen von Wildkrankheiten kommen in Betracht:

Viren: große Moleküle mit absolutem Zellparasitismus, Vermehrung nur in der Zelle, deshalb meist tierartspezifische (Schweinepest) oder zellartspezifische (Tollwut) Seuchenerreger, spezifischer Aufbau: sehr klein, meist mit dem Lichtmikroskop nicht erfaßbar.

Bakterien: Kleinlebewesen (Spaltpilze) ohne erkennbaren Kern mit Bakterienwand und Protoplasma (enthält Kernbestandteile). Vermehrung durch Querteilung, Stäbchen, Schrauben-, Keulen- oder Kugelform.

Pilze: Kleinste pflanzliche Organismen, die von organischer Substanz leben, bestehen aus Pilzfäden und Fruchtkörpern. Pilzerkrankungen werden Mykosen genannt.

Parasiten: Ein- oder mehrzellige Tiere, mit dauerndem oder vorübergehendem Leben zu Lasten anderer Lebewesen. Endoparasiten schmarotzen in anderen Tieren, Ektoparasiten leben auf oder in der Haut anderer Tiere.

Futterschädlichkeiten: verdorbene nicht vollwertige oder unzuträgliche Äsung. Gifte, Pflanzenschutzmittel, Insektizide, Herbizide, Abwässer, Abgase erzeugen akute oder chronische Schäden je nach Dosierung und Verträglichkeitsgrad.

Geschwülste: übermäßiges gutartiges (expansives) oder bösartiges (infiltratives) Wachstum verschiedener Gewebearten bei Wildtieren in der Mehrzahl des Lymphgewebes und Bindegewebes.

Mißbildungen: embryonal fehlgebildete Organe, am häufigsten sind Doppelbildungen von Extremitäten oder Zähnen.

<u>**Verletzungen:**</u> durch stumpfe Gewalteinwirkung (Straßenverkehr) oder scharfe Gewalteinwirkung (Mähmaschinen, Schußwunden).

Die wichtigsten Krankheitsursachen sind unterstrichen.

In der Tabelle auf Seite 9 sind nur die wichtigsten Wildkrankheiten und deren Bedeutung für Mensch und Tier aufgeführt. Im vorgegebenen Rahmen dieser kleinen Buchreihe ist es nicht möglich, alle Wildkrankheiten zu besprechen. Bei den einzelnen Krankheiten sind die bedeutsamsten Gesichtspunkte erwähnt. Bei den parasitären Krankheiten sind dazu der Sitz des Parasiten in seinem Wirt und der jeweilige Zwischenwirt angegeben. Hierzu muß erklärend gesagt werden, daß der Wirt das Tier ist, in dem der Parasit als geschlechtsreifes Tier zu leben vermag. Die meisten Parasiten sind auf ganz bestimmte Wirte festgelegt, d. h. sie sind wirtspezifisch. Es kann also die Coccidiose des Hasen nicht auf den Menschen übergehen oder eine Lungenwurmart des Rehes auf das Schwarzwild. Die Wirtspezifität bzw. nicht Spezifität für Wirte (z. B. Leberegel) ist sehr wichtig. Es gibt auch eine Zwischenwirtspezifität, d. h. die Parasitenbrut kann nur in ganz bestimmten Zwischenwirten (Leberegel, Zwergschlammschnecke) eine Weiterentwicklung bis zur Infektionstüchtigkeit durchlaufen. Ein Zwischenwirt ist bei einigen Rundwürmern und bei allen Saug- und Bandwürmern im Entwicklungskreislauf vom Ei über meist 3 Larvenstadien bis zur Infektionstüchtigkeit notwendig. Danach folgt wieder im Wirt ein Wachstum bis zur Geschlechtsreife (Präpatenz). Die Mehrzahl der Magenwürmer (Rundwürmer) benötigt bei der Entwicklung in der Außenwelt keinen Zwischenwirt. Deshalb kann man bei den meisten Magenwürmern auch nicht durch Ausschaltung der Zwischenwirte den Magenwurmkreislauf unterbrechen.

Für alle Endoparasiten gibt es eine Lebensphase im Wirt als geschlechtsreifer Parasit und eine Entwicklungsphase in der

Parasitäre Krankheiten

Coccidiose
der Hasen, Wildkaninchen und Fasanen

Es gibt eine große Zahl verschiedener Coccidien bei sehr vielen Tierarten. Bei unseren jagdbaren Tieren spielt Coccidiose verschiedener Arten bei Hasen eine ganz bedeutende Rolle. Der Erreger der Coccidiose ist ein mikroskopisch kleines einzelliges Sporentierchen, das in den Deckzellen der Darmschleimhaut beim Hasen und Fasan oder in den Gallengängen der Leber oder des Darmes beim Kaninchen schmarotzt. Die Coccidienarten sind wirtspezifisch. Mit der Losung der erkrankten Wirtstiere werden Dauerformen (Oozysten) der Coccidien ausgeschieden, die mit einer Hülle umgeben sind. In der Außenwelt reifen sie bei Wärme und Feuchtigkeit in 4–10 Tagen zu ansteckungsfähigen Sporen heran (Sporogonie).

Werden diese mit beschmutzter Äsung von einem passenden Wirtstier aufgenommen, so dringen die Sporozoiten nach Auflösung der Hülle in Darmzellen ein. Hier vermehren sie sich ungeschlechtlich; sie zerfallen in zahlreiche Sichelkeime (Schizogonie), die frei werden und neue Darmzellen befallen. Dieser Vorgang wiederholt sich mehrere Male innerhalb weniger Tage und führt zur Zerstörung der Darmschleimhaut. Die Coccidien sind nicht durch ihr bloßes Vorhandensein im Darm gesundheitsschädlich, sondern der Schleimhautschaden bewirkt eine zu große Durchlässigkeit der Darmwand. Dadurch gelangen Futterbestandteile in das Blut, die sonst nicht dorthin gelangen können. So kommt es zu einer Anreicherung von giftig wirkenden Stoffen im Blut mit der Folge einer Herzschwäche und einer Darmentzündung.

Nach der ungeschlechtlichen Vermehrung entstehen weibliche und männliche Entwicklungsformen (Makro- und Mikrogametocyten), die sich vereinigen (Gametogenie), mit einer festen Hülle umgeben und die Dauerformen (Oozysten) bilden, die den Darm mit der Losung verlassen. In der Außenwelt erlangen die Dauerformen innerhalb weniger Tage ihre Infektionstüchtigkeit. Der gesamte Zyklus der Coccidiose läuft sehr rasch ab, wenn die Witterung warm und feucht ist. Die Vermehrungsrate der Coccidien ist wegen der ungeschlechtlichen Vermehrung sehr hoch. Deshalb gewinnt diese Seuche oft so große Bedeutung.

Die Coccidiose ist eine Jungtierkrankheit, die praktisch alle Tiere erfaßt und nach der Durchseuchung eine stabile Immunität hinterläßt. Alte Tiere sind deshalb fast immer immun. Nasse, kühle Sommer, denen eine besonders warme, lange Herbstzeit folgt, sind bedeutsam für einen Coccidiose-Seuchenzug, der dann große Verluste im Junghasenbesatz verursacht. Es gibt auch Coccidiosen mit Zwischenwirteinschaltung (s. bei Sarkosporidien).

Bekämpfung

Darum gilt als wichtigste Maßnahme, den Althasenbesatz im folgenden Winter zu schonen. Die Coccidiose ist im Durchschnitt der Jahre die bedeutendste Junghasenkrankheit. Ihr seuchenhaftes Auftreten endet jährlich mit dem ersten Kälteeinbruch, weil die Sporenbildung durch Kälte in der Außenwelt stark gebremst wird und deshalb massive Infektionen selten werden. Eine medikamentelle Bekämpfung der Hasen-Coccidiose ist bisher nicht möglich, da die Krankheit fast nur von August bis Wintereinbruch auftritt. Zu dieser Zeit bekommt man die Hasen schlecht an ausgelegtes Futter, das mit Medikamenten versehen ist. Wirksam gegen Coccidiose sind Amproliumpräparate, Sulfonamide u. a. m.

Erkennungsmerkmale

Bei der Sektion findet man den Dünndarm glasig verdickt, und durch die Dünndarmwand scheinen zahlreiche kleinflächenhafte weißliche Herde hindurch. Der Darminhalt besteht aus trübem Schleim, in dem sich massenhaft Dauerformen der Coccidien befinden. Bei Lebercoccidiose treten zahllose gelbe Abszesse in den Gallengängen auf, die die Größe von Reiskörnern haben.

Die Tiere sind blutarm. Bei chronischem Verlauf tritt eine Abmagerung ein.

In Fasanerien verursachen mehrere Arten von Coccidien bei Fasanen- und Rebhuhnküken häufig schwere Verluste. Dabei sind die Blinddärme stark verdickt, zeigen blutigen oder käsigen Inhalt oder der Dünndarm ist entzündet und weist ähnliche weiße Herde in der Schleimhaut auf wie beim coccidiosebefallenen Hasen. Die Blinddarmcoccidiose ist auch unter dem Namen „Rote Kükenruhr" bekannt.

Die Wildtiercoccidiosen sind für den Menschen nicht infektiös, außer der Katzencoccidiose, für die der Mensch Zwischenwirt sein kann = Toxoplasmose.

Sarkosporidienbefall

Sarkosporidien kommen bei verschiedenen Tierarten als Muskelparasiten vor. Man kann sie gerade noch mit bloßem Auge als 1 bis 1,5 mm lange und 0,5 bis 0,7 mm breite weißliche Teilchen erkennen. Sie gehören alle zu Fleischfresser- oder Menschencoccidienarten, deren Entwicklungsstadien in Pflanzenfressern oder Allesfressern ihren Zwischenwirt haben. Im Zwischenwirt werden sie Sarkosporidien genannt. Die Infektion wird durch infiziertes rohes Fleisch an den geeigneten Wirt vermittelt und löst bei ihm eine Darmcoccidiose aus. Der Sarkosporidienbefall bei Reh und Wildschwein ist häufig, aber meist nicht so stark, daß er erkannt wird. Für die Wildwiederkäuersarkosporidien sind Fuchs und Hund Wirte, für das Schwein kommt der Mensch als Wirt in Betracht.

Starker Sarkosporidienbefall bewirkt Genußuntauglichkeit des Wildbrets.

Schwarzkopfkrankheit

Schwarzkopfkrankheit oder Blackhead des Geflügels wird durch Einzeller (Histomonas meleagridis) verursacht und bewirkt bei Puten und Rauhfußhühnern, weniger bei Fasanen, schwere Verluste. Die Blinddärme sind verdickt mit gelb-käsig-blutigen Massen gefüllt. In der Leber erscheinen große, gelbe, rund-geschichtete Herde. Eine Heilbehandlung mit Dimetridazol (Emtryl) ist wirkungsvoll. Resistenzausbildung wurde beobachtet. Blinddarmwürmer gelten als Hauptüberträger.

Magen- und Darmwurmbefall

Magen- und Darmwurmbefall wird durch viele verschiedene, meist wirtsspezifische, weißlich oder rötlich erscheinende Rundwürmer (Nematoden) hervorgerufen. Sie sind z. T. mikroskopisch klein, können aber auch bis 30 mm Länge erreichen. Man kann sie im Magen, Dünn- und Dickdarm finden. Dort erzeugen sie durch Bohrschäden in der Schleimhaut und durch Blutsaugen Schäden, die sich in Form von chronischen Magen-Darm-Entzündungen und Blutarmut zeigen. Die Blutarmut fällt besonders durch Hellrosafärbung der Lunge auf. Die Magen-Darm-Entzündung äußert sich in ungeformter, schleimiger Losung und Schwellung der Magen-Darm-Schleimhaut.

Geschlechtsreife Wurmweibchen legen im Magen-Darm-Kanal bis zu 200 000 Eier ab, die mit der Losung auf den Erdboden gelangen. Hier schlüpfen bei warmer Außentemperatur und genügend Feuchtigkeit schon nach wenigen Tagen Larven aus den Eiern. Am Erdboden häuten sich die Larven meist zweimal und sind dann erst infektionstüchtig. Diese Larvenformen kriechen an Gräsern empor und werden mit der Äsung vom Wild aufgenommen. Im Magen-Darm-Kanal geht die Entwicklung innerhalb von 20–25 Tagen bis zur Geschlechtsreife männlicher und weiblicher Würmer weiter. Man nennt diese Zeit die Präpatenz. Während der Präpatenz entstehen bei den Wildtieren oft die schwersten Schäden, weil einige Larvenarten in die Magen- oder Darmwand eindringen. Nur bei wenigen Magenwurmarten gibt es einen Zwischenwirt (z. B. Käfer beim Schwarzwild) im Entwicklungszyklus. Die einzelnen Wurmarten sind recht wirtsspezifisch. Der gesamte Magen-Darmwurm-Kreislauf vom Ei bis zum geschlechtsreifen Wurm dauert etwa einen Monat, bei kühlem

Wetter auch länger. Temperaturen unter −6° C ertragen die Larven nicht (s. Abb. S. 18).

Besonders Reh-, Muffel- und Gamswild, Hase und Kaninchen werden von Magenwürmern befallen. Bei diesen Tierarten kann der Magen-Darmwurm-Befall zu schweren Verlusten führen, besonders dann, wenn der Wildbestand zu hoch oder die Ernährung des Wildes mangelhaft ist (Winter). Jungtiere und überalterte Stücke sind am häufigsten Opfer, weil sie noch keine Abwehrkräfte gebildet haben oder diese durch schwächende Einflüsse (Hunger, Alter) nicht bilden können.

Die Diagnose erfolgt am besten in einer Sektion durch Nachweis der Würmer im Magen oder Darm. Losungsuntersuchungen (nur von ganz frischer Losung) sind weniger aussagekräftig. Man kann den Befall bekämpfen, indem man die Wilddichte reguliert und für gute Ernährung sorgt. Auch das Verabreichen von Medikamenten kann Hilfe bringen. Man sollte sich aber von einer medikamentellen Behandlung niemals Erfolg versprechen, wenn die Wilddichte zu hoch oder die vollwertige, artgerechte Ernährung während des ganzen Jahres nicht gesichert ist.

Besonders in Gattern und Gehegen kommt man ohne Medikamente nicht aus. Eine 4malige Wurmkur pro Jahr kann in Gattern und Gehegen als Norm angesehen werden. Die Entwurmung des Wildes über Salzlecksteine hat sich bislang als unwirksam erwiesen, weil man nur eine zu niedrige Dosierung erreicht.

Für die Magenwurmtherapie bei Wildtieren haben sich in letzter Zeit folgende Präparate besonders wegen ihrer Verträglichkeit und Wirksamkeit bewährt:

Thibenzole der Fa. Sharp u. Dohme, Mebenvet der Fa. Janssen und Panacur der Fa. Farbwerke Hoechst. Die wirksame Substanz ist bei Thibenzole das Thiabendazol, beim Mebenvet das Mebendazol und bei Panacur Fenbendazol. Bei allen Medikamentgaben ist auf die jeweilige Wartezeit zwischen Anwendung des Medikamentes und der Erlegung des zum Verzehr gewonnenen Wildbrets zu achten. Diese Zeit ist jeweils auf der Gebrauchsanweisung der Medikamente angegeben.

Folgende Tabelle gibt die Dosierungen der genannten Medikamente wieder:

Thibenzole Wiederkäuerschalenwild:	je 10 kg Körpergewicht 2 g 3 bis 5 Tage lang im Futter = 6 bis 10 Tage
Fasan und Rebhuhn:	5 Tage lang 2 g auf 1000 g Futter
Mebenvet 5 %ig Wiederkäuerschalenwild:	je 10 kg Körpergewicht 0,6 g 10 Tage lang im Futter = 6,0 g oder 2 Tage je 3 g = 6,0 g
Fasan und Rebhuhn:	14 Tage lang 60 g Mebenvet 5%ig auf 25 kg Futter
Panacur (Fenbendazol)	625 g Panacur 4%ig auf 50 kg Futter davon 200 g/Tag für 1 Reh

Lungenwurmbefall

Lungenwurmbefall bewirkt eine meist chronisch verlaufende, herdförmige Entzündung des Lungengewebes und der Bronchien. Das befallene Lungengewebe erkennt man an seiner von der Norm abweichenden Farbe (weißlich-braun) und an Gewebeverdichtungen besonders an den hinteren Spitzen der Lungenhauptlappen. Es gibt viele verschiedene Lungenwurmarten, die aber jeweils nur in ganz bestimmten Tierarten parasitieren. Sie gehören zu den Rundwürmern (Fam. der Metastrongyliden).

Lungenwurmerkrankungen kommen am häufigsten in Flußniederungen, sumpfig-feuchten Lagen und in Revieren mit zu hoher Wilddichte vor.

Das Lungenwurmweibchen legt in der Lunge seine Larven oder Eier ab, aus denen sich teils schon in der Lunge (Wiederkäuer, Hase), teils erst in der Losung (Schwein) Larven entwickeln. Die Eier oder Larven werden bis in den Rachenraum gehustet, dann abgeschluckt und gehen durch den Magen-Darmkanal mit der Losung ab. Eine direkte Weiterentwicklung der Larve auf dem Erdboden gibt es bei den großen Lungenwürmern der Wiederkäuer (Dictyocaulus). Bei genügend Feuchtigkeit und Wärme und nach zweimaliger Häutung am Erdboden sind sie in wenigen Tagen infektionstüchtig. Danach werden sie mit der Äsung aufgenommen. Diese Larven haben keinen Zwischenwirt und sind nicht winterfest (s. Abb. S. 18).

Die meisten Lungenwurmarten indes entwickeln sich über einen Zwischenwirt, zum Beispiel Schnecken bei den Wiederkäuern und Hasen und über Regenwürmer beim Schwarzwild. Entweder dringen die Larven aktiv in den Zwischenwirt ein, oder der Zwischenwirt frißt mit seiner Nahrung die Lungenwurmeier, die sich in ihm weiterentwickeln, aber nicht vermehren. Das Wild

wiederum nimmt mit seiner Äsung den Zwischenwirt auf, und so gelangen die Parasiten in den Wildkörper.

Nach der Aufnahme durch das Wild bohrt sich die infektionstüchtige Larve durch die Dünndarmschleimhaut und wandert über die Darmlymphknoten und die Lymphgefäße zum Herzen und wird mit dem Blut in die Lunge eingeschwemmt, wo sie zum geschlechtsreifen Wurm heranreift. Die Präpatenz beträgt in der Regel 22–25 Tage. Dort, wo das Wurmweibchen seine Eier in der Lunge ablegt, entstehen die sogenannten Brutknoten im Gewebe (chronische Lungenentzündungsherde).

Das einmal in der Lunge zerstörte Gewebe erlangt nie wieder seine Funktionstüchtigkeit. Die Beatmungsfläche der Lunge wird kleiner und die Leistungsfähigkeit des befallenes Tieres lebenslang geringer. Todesfälle allein durch Lungenwurmbefall kom-

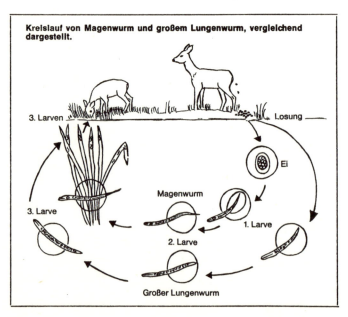

Kreislauf von Magenwurm und großem Lungenwurm, vergleichend dargestellt.

men nur bei ganz massivem Befall vor. Der Hauptschaden ist ein Dauerschaden, nämlich Leistungsminderung und die Schaffung von Infektionspforten, durch die Bakterien oder Pilze in die Lunge gelangen können.

Die Bekämpfung aller kleinen Lungenwurmarten erweist sich als sehr schwierig, da es in den seltensten Fällen möglich sein dürfte, die Zwischenwirte zu vernichten und somit den Entwicklungszyklus zu unterbrechen. Eine Geländeentseuchung im Winter tritt nicht ein, weil sich die Zwischenwirte, zum Beispiel Regenwürmer, dem Frost entziehen. Es ist empfehlenswert, alles schwache und hustende Wild abzuschießen und außerdem dafür zu sorgen, daß das Revier nicht überbesetzt ist. Medikamentell sind die Parasiten so schwer abzutöten, weil man mit den Medikamenten die Würmer in den Wurmknoten der Lunge schlecht erreichen kann.

Gegen Lungenwürmer kann das Concurat der Bayerwerke beim Wildschwein erfolgreich eingesetzt werden (1,5 g/10 kg Körpergewicht).

Hohe Dosierungen von den im Abschnitt über den Magenwurmbefall genannten Medikamenten wirken gegen Lungenwürmer. Das Mebenvet erwies sich am wirkungsvollsten sogar gegen die kleinen Lungenwürmer. Eine Sanierung gelingt jedoch nicht.

Die Lunge von erlegtem Wild, das Lungenwurmbefall zeigt, ist als genußuntauglich anzusehen. Anzeigepflicht besteht nicht. Ein hoher Verseuchungsgrad deutet auf einen zu hohen Wildbestand.

Rotwurmbefall (Syngamose) bei Vögeln

Dem Rotwurm kommt besonders in Fasanerien eine große Bedeutung zu, da durch ihn hohe Verluste bei Jungvögeln auftreten können. Der Rotwurm siedelt sich in der Luftröhre an. Man kann die Weibchen mit bloßem Auge als blutrote, bis 2 cm lange Rundwürmer in der Luftröhre erkennen. Die Männchen sind sehr viel kleiner (0,6 cm), man findet sie in dauernder Verbindung mit dem Weibchen. Auf diese Weise erhalten die Wurmpärchen das Aussehen eines etwas schiefen Y. Rotwürmer können bei vielen Vogelarten gefunden werden, so bei Hühnervögeln, Sperlingen, Finken, Krähen. Man muß diese Vögel von Fasanenvolieren fernhalten, weil sie als Parasitenverbreiter in Betracht kommen.

Die Entwicklung des Rotwurmes geht wie folgt vor sich:

Die geschlechtsreifen Würmer sitzen in der Luftröhre, dort legen die Weibchen ihre Eier ab, die ausgehustet und abgeschluckt werden. Die Eier passieren dann den Darmkanal und gehen mit dem Kot ins Freie. Dort entwickelt sich unter günstigen Bedingungen (Wärme ab +15° C und Nässe) innerhalb von 6–14 Tagen eine Larve im Ei. Sie ist sowohl im Ei wie in geschlüpfter Form infektionstüchtig.

Das bedeutet, daß frühestens am 6. Tag Kot von verseuchten Tieren den Rotwurm zu übertragen vermag; ferner ist damit gesagt, daß der Rotwurm keinen Zwischenwirt benötigt. Trotzdem spielen bei natürlichen Invasionen Sammelwirte (Regenwürmer) eine entscheidende Rolle. Sie übertragen dann die angesammelten Wurmlarven auf den Vogel, wenn sie gefressen werden. In Regenwürmern können sich die Larven bis zu 4 Jahren infektionstüchtig erhalten. Die Rotwurmlarve wird vom Fasan oder von anderen Vögeln mit dem Futter bzw. mit Regenwürmern aufgenommen. Die Larven durchbohren dann die Darmwand des Endwirtes und gelangen mit dem Blut über das Herz in die Lunge. Dort erfolgt noch eine kurze Weiterentwicklung, und schließlich nehmen die Würmer ihren endgültigen Sitz in der Luftröhre ein und beginnen am 14. bis 20. Tag nach der Infektion mit der Eiablage.

Der Befall in der Luftröhre mit Einzelexemplaren kann symptomlos bleiben. Stärkerer Befall ruft ein typisches „Niesen" und Kopfschlenkern hervor. Man hört das am besten abends, wenn die Tiere zum Ruhen übergegangen sind. Starker Befall verstopft die unteren Teile der Luftröhre (an der Gabelung) so stark, daß die Jungtiere schwere Atemnot haben und dann ersticken.

Eine Heilbehandlung kann mit vielen Magenwurmmitteln erfolgen. In der Regel sind gute Erfolge u. a. mit Thibenzole (Fa. Sharp und Dohme) zu erreichen, das man dem Futter (2 g auf 1 000 g Futter fünf Tage lang) mit Hilfe einer Mischmaschine zusetzt. Man wiederholt die Rotwurmkuren dann nach 14 Tagen, um eine erneute Eiausscheidung der Rotwürmer zu verhindern. Am wirksamsten erwiesen sich Fenbendazol (Fa. Höchst), an 3 aufeinanderfolgenden Tagen verabreicht mit 3 bis 5 mg/kg Körpergewicht und das Mebendazol, das an 6 aufeinanderfolgenden Tagen mit 120 mg wirksamer Substanz auf ein Kilogramm Futter gegeben wird. Das sind z. B. 600 g Mebenvet 5%ig in 250 kg Futtermehl. Danach beträgt die Wartezeit, bis das Wildbret als Lebensmittel verwendet werden darf, 14 Tage.

Trichinose

Die Trichinose ist eine durch sehr dünne Rundwürmer (Nematoden) von 1,5 bis 4,0 mm Länge verursachte Parasitose, die für den Menschen ernste Folgen in Form einer schmerzhaften Entzündung aller Muskeln haben kann. Ausgangspunkt der Trichinose ist ungekochtes Fleisch von Fleisch- oder Allesfressern, die mit Larven der Trichinen im Muskelfleisch behaftet waren.

Trichinen leben als geschlechtsreife Würmer im Dünndarm von vielen Säugetieren, wie Wild- und Hausschwein, Fuchs, Dachs, Hund, Marder, Iltis, Ratte, Maus, Katze, Bär und auch im Menschen. Die künstliche Infektion gelingt auch bei zahlreichen Pflanzenfressern.

Im Magen löst sich die Kapsel – so bereits eine vorhanden ist – der im Futterfleisch eingekapselten Trichinenlarven. Im Dünndarm reifen die Larven innerhalb von 2 bis 5 Tagen zu geschlechtsreifen Trichinen heran. Danach legen die Weibchen ca. 1 000 Larven in ihrem 4- bis 6wöchigen Leben in die Lymphbahnen des Dünndarmes ab. Von hier wandern die Larven mit dem Blutstrom in alle Muskeln, besonders in die am besten durchblutete Muskelpartie im Zwerchfell und in den Läufen. Dort rollen sie sich ein und kapseln sich innerhalb von 5 Wochen ab. Nach frühestens 5 Monaten können die abgekapselten Trichinenlarven verkalken. Sie bleiben in der Muskulatur viele Jahre infektionstüchtig; darin liegt die große Gefahr der Trichinen.

Nun braucht das mit Larven durchsetzte Fleisch nur noch von einem Fleisch- oder Allesfresser aufgenommen zu werden, und die Neuinfektion tritt ein. Damit ist klar, daß die Trichinen entgegen der sonst bei Nematoden zu beobachtenden Wirtsspezifität ein sehr breites Wirtsspektrum haben. Alle Fleisch- und Allesfresser unterliegen seit 1877 in unserem Lande der Trichinenschau, wenn die Tiere zur menschlichen Ernährung verwertet werden. Für die Trichinenschau sind die dicksten Muskelstränge des Zwerchfelles direkt unter der Wirbelsäule im Tierkörper zu belassen. Zuständig für die Trichinenschau ist der amtlich bestellte Trichinenschauer am Erlegungsort bei Wild, in Ausnahmefällen der Trichinenschauer am Zerlegungsort. Die Trichinenschau hat vor der Zerlegung zu erfolgen.

Hauptträger von Trichinen sind bei uns in seltenen Fällen Schwarzwild, Füchse und Ratten.

Anzeigepflicht einer Trichinose besteht nicht für den Jagdausübungsberechtigten. Trichinenfälle werden in der Statistik durch die Trichinenschauer erfaßt.

Eine Heilbehandlung beim Menschen wird mit Mebenvet oder Thibenzole durchgeführt. Ihre Erfolgsaussichten sinken vom fünften Tage nach der Infektion an rapide, weil danach die Larvenablage bereits im Gange ist.

Haarwurmbefall

Es gibt sehr viele Haarwurmarten bei zahlreichen Tierarten. Sie gehören zu den Rundwürmern (Nematoden). Ihr Körper ist haarförmig dünn und bis 40 mm lang, deshalb findet der Laie sie kaum. Bei Wildtieren spielen sie eine bedeutende Rolle beim Fasan und beim Rebhuhn, bei Gänsen, Tauben und den Greifvögeln. Aber auch beim Rotwild und Dachs wurden Todesfälle durch Haarwurmbefall gefunden. Ihr Vorkommen wurde häufig beim Fuchs in der Blase, seltener in der Lunge nachgewiesen. Mufflons und viele Vogelarten können Haarwurmbefall aufweisen. Der Sitz der Haarwürmer ist meist der Dünndarm. Aber auch der Kropf und Schlund bei Vögeln und deren Blinddärme können befallen sein.

Die meisten Haarwürmer haben keinen Zwischenwirt in ihrem Entwicklungsgang. Bei den Haarwürmern des Kropfes der Hühnervögel sind Regenwürmer Zwischenwirte. Die Präpatenz beträgt 3 bis 4 Wochen.

Das auffälligste Merkmal des Haarwurmbefalles ist eine je nach Befallsstärke mehr oder weniger ausgeprägte Blutarmut, verbunden mit einer Darm-, Kropf- oder Magenentzündung. Das geht oft so weit, daß die befallenen Tiere fast weiße Lungen haben, und daß bei der Zerlegung keinerlei Blut mehr abläuft.

Als Heilmittel sind verschiedene Medikamente wirksam. Über das Futter wird Mebendazol (Mebenvet, Janssen) mit 120 mg wirksamer Substanz je kg Futter 6 bis 10 Tage lang verabreicht. Über das Trinkwasser gibt man Methyridin (Dekelmin, Cela, 4 ml auf 1 l Wasser als alleiniges Trinkwasser).

Kreuzlähme des Rotwildes

Die Kreuzlähme oder Schleuderkrankheit tritt beim Rotwild auf. Erkrankungsfälle sind vor allem im Harz und in der Gegend von Wesel aufgetreten. In Ostpreußen, in der Lüneburger Heide, im Solling, im Kreise Hofgeismar und in anderen Gegenden wurden lediglich Einzelerkrankungen beobachtet.

Die Umwelt, in der Kreuzlähmefälle auftreten, zeigt also große Unterschiede, das Krankheitsbild ist aber charakteristisch. Es beginnt mit leichten Zuckungen, danach Schwäche in den Hinterläufen. Die befallenen Tiere schwanken zur Seite und knicken in den Hinterläufen ein. Oft sieht man auch eine sägebockähnliche

Stellung der Läufe. Schnelle und seitliche Bewegungen in der Hinterhand fallen den betroffenen Stücken schwer. Dieser Zustand kann über Jahre bestehen bleiben. Er kann sich aber auch schrittweise verschlimmern und zu weitgehenden Lähmungen in den hinteren Rückenpartien führen, so daß die kranken Stücke oftmals hinten zusammenbrechen, während sie vorn ein normales Reaktionsvermögen aufweisen.

Das Charakteristische am Krankheitsbild sind Lähmungserscheinungen der Hinterläufe, die von einem geschädigten Rückenmark ausgehen. Dabei behalten die Vorderläufe ihre volle Funktionsfähigkeit.

Die Krankheit endet mit einer völligen Lähmung der Hinterhand bei immer noch gut erhaltener Funktionstüchtigkeit der Vorderhand. So bewegen sich die Stücke im letzten Stadium allein mit den Vorderläufen vorwärts und ziehen dabei die Hinterhand in Seitenlage nach. Dieser Zustand kann Monate dauern. Erst in diesem Stadium nehmen meist Lungen- und Darmwürmer bei den Stücken überhand, und es kommt zu schwerer Blutarmut. Auch Gelenkentzündungen treten durch Aufliegen ein. Diese Erscheinungen gehören aber nicht zum Bild der Kreuzlähme.

Es werden von der Krankheit Stücke jeden Alters und Geschlechts befallen. Bei der Sektion findet sich lediglich eine gallertartige Masse im letzten Drittel des Rückenmarkkanals und ein geringer Schwund der Rückenmarksubstanz mit einer leichten Grauverfärbung und Muskelschwund der Keulen. Bakterielle Erkrankungen sind häufig als Nebenbefund zu sehen, sie werden oft fälschlicherweise als Entstehungsursache der Kreuzlähme angesehen.

Man vermutet als Erreger bis 7 cm lange Rundwürmer, die im Zentralnervensystem parasitieren (Elaphostrongylus cervi). Diese Wurmart ist mit den Lungenwürmern verwandt und hat auch einen ganz ähnlichen Kreislauf. Die geschlechtsreifen Würmer haben ihren Sitz in der Muskulatur oder im Zentralnervensystem, legen dort sehr kleine Eier in die Blutbahn, die in die Lunge eingeschwemmt werden. Von der Lunge aus geht die Entwicklung wie bei den kleinen Lungenwürmern weiter. Elaphostrongylus cervi ist ein häufiger Parasit bei Rotwild. Über seine krankheitsverursachende Wirkung besteht noch Unklarheit.

Leberegelbefall

Vom Leberegel wird vor allem das Wild befallen, das auf nassen Weiden äst oder sich an Gräben und auf Sumpfflächen aufhält. Der große Leberegel (Fasciola hepatica) lebt in den Gallengängen der Leber vieler Tierarten und hinterläßt dort schwere Schäden. Er ist ein blattförmiger Saugwurm von 20 bis 30 mm Länge und 8 bis 13 mm Breite, der sich nach vorn und hinten zuspitzt. Die wirtschaftlichen Schäden durch Leberegel bei landwirtschaftlichen Nutztieren, vor allem Weiderindern, sind sehr hoch. Durch seine starke leberschädigende Wirkung stellt der Leberegel für das Wild, vor allem für die Wiederkäuer (Rot-, Dam-, Muffel-, Gams-, Rehwild) eine große Gefahr dar; aber auch Hasen werden durch ihn geschädigt. Leberegel sind zwar wenig wirtspezifisch, aber sehr zwischenwirtspezifisch. Darum kann sogar der Mensch befallen werden, wenn er mit Cysten behaftetes Gras kaut.

Die Diagnose kann man mit bloßem Auge stellen. Man macht zwei tiefe Einschnitte in die Leber und sieht die stark verdickten weißen Gallengänge, aus denen sich bei Druck eine grauschleimige Masse entleert. Darin finden sich die Leberegel. In der Losung können die Eier des Leberegels durch eine mikroskopische Untersuchung festgestellt werden. Dieser Nachweis ist aber weniger sicher, weil hierbei etwa nur dreiviertel der tatsächlich befallenen Tiere ermittelt werden. Deshalb bleibt der direkte Nachweis in der Leber die sicherste Feststellungsmethode.

Die Entwicklung des Leberegels geht wie folgt vor sich:

Die Leberegeleier gehen mit der Gallenflüssigkeit in den Darm und von dort mit der Losung in die Außenwelt. Ein Leberegel kann bis zu 20 000 Eier pro Tag ablegen. Im Freien schlüpft im Wasser aus dem Ei nach 12 bis 20 Tagen bei mindestens

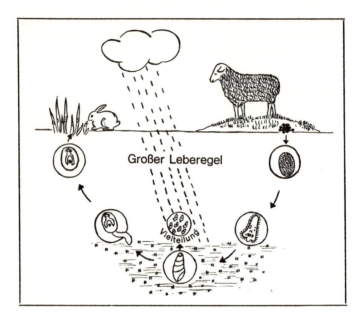

+10° C eine Flimmerlarve (Miracidium). Diese dringt in eine Zwergschlammschnecke (Galba truncatula) ein. Dort geht in 5 bis 16 Wochen eine ungeschlechtliche Vermehrung über verschiedene Zwischenstadien (Sporozysten, Redien, Cercarien) vor sich, so daß bis zu zweihundert Zwischenstadien aus einer Flimmerlarve in der Schnecke entstehen können. Die Leberegelbrut ist spezifisch an die eine Schneckenart gebunden. Es können sich auch nicht viel mehr als 600 Cercarien in einer Schnecke entwickeln, da sie für die Schnecke pathogen sind. Hierin liegt eine natürliche Vermehrungsbegrenzung. Aus der Schnecke wandern die Cercarien wiederum ins Wasser aus, schwimmen an einen Grashalm, um sich dort als Cyste, die etwa wie ein Sandkorn aussieht, anzuheften. Nur durch dieses Stadium erfolgt die Infektion, entweder mit dem Gras auf der Weide oder mit Heu, das auf infizierten Weiden gewonnen wurde.

Die Cysten sind an Gras bis zu 6 Monate infektiös, an Heu 4 bis 6 Monate je nach dessen Feuchtigkeitsgrad, in Silage bis 4 Wochen. Die Grashalme müssen z. Z. der Cystenanheftung im Wasser gestanden haben. Überwinterung der Zwischenstadien im Zwischenwirt ist gut möglich, am Gras dagegen nur schlecht. Vom Darm des Endwirtes wandern die Leberegellarven über die Bauchhöhle in die Leber ein und entwickeln sich dort in 10 bis 12 Wochen zur Geschlechtsreife. Ein Leberegel kann bis zu 11 Jahre alt werden und produziert während seines Lebens bis zu 1 000 000 Eier.

Wichtigste Merkmale für den Leberegel sind: hohe Eizahlen, ungeschlechtliche Vermehrung im Zwischenwirt, Zwitter, keine Wirt-, wohl aber Zwischenwirtspezifität, Gebundenheit an sehr feuchte Gegend, langer Entwicklungsvorgang. Die Bekämpfung des Leberegels gelingt dadurch, daß man den Zwischenwirt, die Zwergschlammschnecke, vernichtet und damit den Entwicklungszyklus unterbricht. Für nasse Stellen ist deshalb eine Trockenlegung oder eine Geländebehandlung mit 1%iger Natriumpentachlorphenolatlösung (20 kg je ha) zur Schneckenvernichtung geeignet, am besten im März und April. Das Mittel vernichtet allerdings Frösche und Fische und darf deshalb nicht in Flüsse gelangen. Nach 14 Tagen ist es zersetzt. Geländeteile, die jährlich regelmäßig überflutet werden, sind zur Schneckenbekämpfung natürlich nicht geeignet. Eine Heilbehandlung zur Abtötung der Leberegel in der Leber beim Wild ist mit Ranide (Firma Sharp u. Dohme) möglich. Dosierung: 7,5 bis 10 mg je kg Körpergewicht = bis 20 kg 6 ml Ranide, bis 30 kg 9 ml Ranide, bis 40 kg 12 ml Ranide.

Neben dem großen Leberegel kommt selten der kleine Leberegel (Dicrocoelium lanceolatum) in den Gallengängen verschiedener Tiere (Pflanzenfresser) vor. Er steht an Bedeutung weit hinter dem großen Leberegel zurück. In seinem Entwicklungszyklus sind zwei Zwischenwirtarten notwendig, und zwar als erste Landschnecken und als zweite Ameisen, die vom Endwirt mit dem Gras aufgenommen werden und die Infektion vermitteln. Der kleine Leberegel erreicht 8 bis 10 mm Länge und etwa 2 mm

Breite. Er kommt fast nur auf warmen, kalkreichen und trockenen Weiden vor.

Bandwurmbefall

Bandwürmer gehören zur Klasse der Plattwürmer mit den Unterklassen der Saugwürmer (Beispiel: Trematoda, Leberegel) und der Unterklasse Bandwürmer (Cestoda). Die Bandwürmer sind Parasiten des Dünndarmes bei sehr vielen Wirbeltierarten und ziemlich wirtspezifisch, meist auch zwischenwirtspezifisch. Sie können sich also nur in ganz bestimmten Tierarten lebensfähig erhalten. In der Regel werden ihre Larvenstadien, die Finnen, nur in einer oder in wenigen verwandten Tierarten infektionstüchtig.

Die Bandwürmer sind Zwitter. Sie haben einen mit Saugnäpfen und oft auch mit Haken ausgerüsteten rundlichen Kopf, dann folgt ein dünnerer Hals und danach in verschiedener Länge ein segmentierter, immer breiter und länger werdender Körper. Die Segmente nennt man Bandwurmglieder. Sie enthalten komplette zwittrige Geschlechtsorgane und damit auch Bandwurmeier. Die einzelnen Glieder können sich bewegen und lösen sich nach Erlangung des nötigen Reifegrades vom Bandwurm ab. Mit der Losung gelangen sie auf den Erdboden, von wo sie zur Weiterentwicklung durch einen geeigneten Zwischenwirt aufgenommen werden müssen. Im Zwischenwirt bildet sich eine kleine oder auch große Blase, in der eine oder mehrere (bei Ecchinococcus bis zu tausenden) Kopfanlagen bis zu ihrer Infektionstüchtigkeit heranreifen.

Wird ein mit Finnen besetzter Zwischenwirt vom Wirtstier gefressen, so stülpt sich die Bandwurmfinne so um, daß der in ihr gelagerte Bandwurmkopf nach außen gekehrt wird und damit die Haftorgane für die Anheftung an die Dünndarmschleimhaut bereitstehen. Die Präpatenz beträgt meist 11 bis 12 Wochen. Dabei ist es gleich, ob der Bandwurm nur wenige Millimeter (Ecchinococcus) oder mehrere Meter lang wird.

Bandwürmer sind häufig bei Kaninchen und Wildkatze, häufiger noch bei Vögeln, Reh, Hase und Hund feststellbar. Die Hundebandwürmer spielen die wichtigste Rolle, da sie einerseits für den Menschen (Ecchinococcus, Zwischenwirt) gefährlich werden, zum anderen die Hunde erheblich belasten können.

Die Ecchinococcusarten des Hundes und Fuchses sind so klein, daß man ihre Glieder im Kot nur mit viel Sachkenntnis und Sorgfalt finden kann. Sie kommen allerdings selten vor und haben nur eine Lebensdauer von etwa 4 Monaten. Wenn sie aber auftreten, so kommt es mit einer einzigen Finne wegen der zahlreichen Kopfanlagen darin zu einer Massenansteckung. Droncit/Bayer ist zur Behandlung geeignet.

Alle kürbiskerngroßen Bandwurmglieder im Hundekot sind dagegen für den Menschen ungefährlich. Bei den längeren Bandwürmern der Hunde und des Fuchses gelten als Zwischenwirte der Hundefloh, Kaninchen (weintraubenartiges Gebilde in der Bauchhöhle) oder aber alles Schalenwild (Bauchhöhle, Leber, Lunge, Muskulatur, Gehirn), je nach Bandwurmart und Finnensitz im Zwischenwirt.

In der Regel ist der geeignete Zwischenwirt in der Hauptbeutetierart (Raubtier) oder in Kleintieren (Pflanzenfresser) am Futter zu suchen.

Räude

Räudeerkrankungen verschiedener Art führen durch wirtspezifische Räudemilben bei zahlreichen Tierarten zu Erkrankungen der Haut. Dabei werden bestimmte Hautpartien bevorzugt. Besonders häufig beginnt die Räude am Kopf. Die Räudemilben gehören zu verschiedenen Arten; sie haben alle 4 Beinpaare, gehören also zu der Klasse der Spinnentiere.

Räude ist ein Sammelbegriff von verschiedenen Krankheiten mehrerer Tierarten, die mit borkigen Verkrustungen, Pickeln, Juckreiz und Haarausfall einhergeht. Bei Wildtieren haben bisher nur die durch Grabmilben in der Haut verursachte Sarkoptesräude bei Fuchs, Gemse, Schwarzwild, Marder, Iltis, Frettchen und Waschbär und die Ohrräude bei Fuchs, Marder und Frettchen eine Rolle gespielt.

Die Sarkoptesräude hat vor allem bei der Gemse und beim Fuchs große Bedeutung erlangt. Aber auch das Schwarzwild kann bei ungünstigen Lebensbedingungen und zu hoher Wilddichte höhere Verluste erleiden. Räude bricht meist nur in geschwächten Wildbeständen aus. Sie ist also ein Anzeiger für schlechte Lebensbedingungen der betroffenen Wildbestände. Die Sarkoptesmilben verursachen eine Hautentzündung durch Bohrschäden in den oberen Schichten der Haut. Es folgen darauf herdförmiger Haarausfall und schrumpelige grau-borkige Erscheinungen auf der Haut, die sich langsam immer mehr ausbreiten. Schließlich sind die befallenen Tiere so haarlos, verkrustet und abgekommen, daß sie eingehen.

Die Entwicklung der Larven in der Oberhaut zur geschlechtsreifen Räudemilbe dauert bis zu 21 Tage. Die Milben können etwa 14 Tage ohne Wirt am Leben bleiben. Jede der genannten Tierarten hat ihre spezifische Räudemilbenart. Die Übertragung der Räude erfolgt bei geschwächten Tieren besonders leicht durch Kontakt, weniger über Lagerstätten. Ihre Verbreitung – ohne offensichtliche Erkrankungen der Wildtiere – ist sicher recht erheblich, vor allem bei Gemse, Schwarzwild und Fuchs.

Eine Heilbehandlung für Tiere in freier Wildbahn ist nicht bekannt. Ein Abschuß aller kranken Stücke und eine Besserung der Lebensbedingungen und des Futters genügen, um das seuchenhafte Auftreten der Räude zum Verschwinden zu bringen.

Das Neguvon, ein Kontaktinsektizid, kann bei Einzeltieren mit Erfolg als Heilmittel angewendet werden. Sarkoptesräude ist nicht anzeigepflichtig.

Rachenbremsenlarvenbefall

Die Rachenbremse oder Nasendasselfliege gehört, wie die Hautdasselfliege, zur Gruppe der Östriden (Insekten haben 3 Beinpaare). Die Fliegen haben einen goldgelben, behaarten Hinterleib, eine schwarze Binde von Flügelansatz zu Flügelansatz und einen plumpen Kopf. Sie sind 12 bis 16 mm lang. Die Schwärmzeit liegt in den Monaten Juni bis August. Im Fluge werden larvenenthaltende Tropfen an die Nasenöffnungen der Wiederkäuer abgelegt. Die weißlichen 1 mm langen Larven wandern in der Nasenhöhle empor. Während dieser Zeit äußern die befallenen Stücke den Juckreiz in der Nase durch Unruhe, Kopfschütteln und Niesen. Die Larven setzen sich im Nasen- und Rachenraum fest und sind mit bloßem Auge bis zum Spätwinter kaum auffindbar. Ihre Farbe ändert sich von Weiß über Gelb bis Hellbraun mit feinen schwarzen Punkten. In 10 Monaten reifen sie heran und erreichen in den Monaten April bis Juni eine Länge von 25 bis 40 mm. Dann werden die Larven dunkelbraun und ziemlich unbeweglich. In diesem Stadium werden sie ausgehustet, fallen auf den Erdboden und verpuppen sich auf der feuchten Erdoberfläche.

Nach 4 bis 6 Wochen Verpuppungsdauer, von Mai bis Juli, schlüpft die fertige Fliege. Die Fliege bevorzugt Jungwild als Ablageplatz für ihre Larven, zumal es wenig Erfahrung in der Abwehr hat. Auch krankes Wild wehrt sich nur schlecht gegen die Larvenablage, so kommt es, daß einzelne, z. Z. der Larvenablage geschwächte Stücke einen wahren Massenbefall aufweisen können, während andere verschont bleiben. 30 bis 50 Larven in der Kopfhöhle rechnet man als starken Befall.

Es gibt eine ganze Reihe verschiedener Rachenbremsenarten mit unterschiedlichen Tierarten als Wirtstiere. Befallen werden Reh, Elch, Rentier, Rotwild, Damwild, Schaf und Ziege. In der Bundesrepublik Deutschland ist das Rehwild die am meisten befallene Tierart. Keuchender schwerer Husten in den Monaten April bis Juni ist ein Zeichen für Rachenbremsen-Larvenbefall. Es ist möglich, daß ein Tier an den Larven erstickt. Bei der Bekämpfung der Rachenbremse ist frühzeitiger Abschuß (vor dem Reifwerden der Larven) allen kranken und hustenden Wildes wichtig. Die Rachenbremsen-Larven aus dem erlegten Wild müssen vernichtet werden. Wichtigste Abwehrmaßnahme: Erhaltung eines kräftigen und nicht zu hohen Wildbestandes. Es ist erwiesen, daß stark mit Magenwürmern oder Leberegeln befallene, d. h., geschwächte Tiere leichter befallen werden, weil sie die Fliege nicht energisch genug abwehren können.

Schwarzwild, Dachs und Igel nehmen die Larven vom Boden auf. Eine medikamentelle Behandlung gegen Rachenbremsen-Larven kann mit Ranide (Fa. Sharp u. Dohme) vorgenommen werden. Dosierung: siehe bei Leberegel.

Dassellarvenbefall

In jedem Jahr zeigen sich im Spätwinter bei Reh, Rotwild und Rindern weißliche, segmentierte, wirtspezifische Larven in der Rücken-Unterhaut. Sie wachsen bis Mai/Juni allmählich zu einer Länge von 2,5 bis 3,0 cm und einer Dicke von 1,0 cm heran und bohren ein Atemloch in die Decke, durch das sie im Frühsommer herauskriechen, um zum Verpuppen auf den Erdboden zu gelangen. Das dauert 3 bis 5 Wochen. Nach dieser Zeit im Hochsommer schlüpft die fertige Dasselfliege (Hypoderma diana) beim Reh als wichtigste Dasselfliege bei Wild aus. Sie ist eine 11 bis 12 mm lange schwärzlich-graue Fliege mit gelbbraunen Beinen. Diese legen – je nach Art – ihre Eier am Haar der zugehörigen Zwischenwirte ab. Nach einigen Tagen schlüpfen die Larven und bohren sich in die Haut ein, um dann allmählich auf bislang unbekanntem Wege zum Rücken zu wandern. Während der Wanderung brauchen die Larven sogenannte „Winterruheplätze"; denn erst im Frühjahr erscheinen sie in der Rückenunterhaut.

Besonders durch Parasiten oder Krankheiten geschwächte und junge sowie überalterte Stücke werden stark von den Fliegen heimgesucht, weil sie nur eine verminderte Abwehr gegen die

Dasselfliegen zeigen. So kommt es bei schwachen Stücken oft zu wahrem Massenbefall.

Durch die Dassellarven entstehen erhebliche Gesundheitsschäden als Folge von Eiterungen aus den Dasselbeulen auf dem Rücken der Tiere. Ferner werden die Decken bei starkem Dasselbefall entwertet. – Die wirksamste Bekämpfung geschieht durch den frühzeitigen Abschuß derjenigen Stücke, die auf dem Rücken die Dasselbeulen erkennen lassen. Man kann die befallenen Stellen sehr gut auch auf weite Entfernungen erkennen. Dassellarven sollten sorgfältig vernichtet werden (verbrennen).

Ein wirksames Medikament beim Wild ist das Ranide (Sharp u. Dohme). Dosierung: siehe bei Leberegel.

Die fleischbeschauliche Beurteilung bei Parasitenbefall geht meist dahin, daß das jeweils befallene Organ als untauglich und das Wildbret als tauglich für den menschlichen Verzehr anzusehen ist; es sei denn, daß schwerer Befall vorliegt, der das Wildbret durch Abmagerung oder Wäßrigkeit beeinflußt hat.

Starker Muskelfinnenbefall oder Trichinose bewirken Untauglichkeit. Bei vereinzeltem Finnenvorkommen in der Muskulatur muß der Tierkörper erst tiefgefroren werden.

Viruskrankheiten

Tollwut

Die Tollwut ist nach dem zweiten Weltkrieg, aus dem Osten kommend, zur bedeutendsten Wildtierseuche geworden, weil sie für den Menschen eine große Gefahr darstellt. In Tierbeständen treten mehr Einzelfälle auf. Erreger der Tollwut ist ein Virus, das vornehmlich im Nervensystem und der Speicheldrüse befallener Säugetiere aller Arten zu finden ist. Der fast ausnahmslos tödliche Ausgang der Seuche bei Mensch und Säugetieren ist bei der Beurteilung aller mit der Tollwut zusammenhängenden Fragen von entscheidender Bedeutung.

Amtlich festgestellte Tollwutfälle in der Bundesrepublik Deutschland schwankten in den Jahren 1962 bis 1983 zwischen 2 600 und 8 600. Dabei liegt das Minimum der Fälle ganz eindeutig in den Jahren 1970 bis 1972. Das sind die Jahre, in denen im ganzen Lande die Tollwutbekämpfung durch Fuchsbaubegasung und verstärkte Bejagung betrieben wurde. Die Zahl der amtlich festgestellten Tollwutfälle liegt bei den Haustieren mit Sicherheit nahe bei der wahren Tollwutfallzahl. Eine kleinere Dunkelziffer dürfte bei der Katze vorkommen. Die Wutfälle bei Wildtieren werden nicht annähernd bekannt. Berücksichtigt man diese Tatsache, muß man die amtlich festgestellten Tollwutfälle der einzelnen Tierarten entsprechend werten.

Damit ist die überragende Rolle des Fuches als Hauptverbreiter hervorgehoben. Um sicherzugehen, daß andere Tiere, wie Mäu-

Verteilung der Tollwutfälle auf die am meisten beteiligten Tierarten

Wildtiere 80 %	davon Fuchs 60–65 % Reh 6–14 % Marder ⎫ Dachs ⎬ 4– 5 % und sonstige	**Haustiere 20 %**	davon Rind 6–12 % Katze 3–12 % Hund 3– 6 % sonst. 1– 3 %

se und Ratten, keine Tollwutüberträger darstellen, sind umfangreiche Reihenuntersuchungen angestellt worden. Fledermäuse spielen im Tollwutgeschehen nur in Mittelamerika (Blutsauger) eine Rolle.

Das Vorkommen der Tollwut ist bei uns allein von der Höhe der Besiedlungsdichte durch den Fuchs abhängig. 1 Fuchs je 100 ha gerechnet – vor Erscheinen der Jungfüchse – erhält so gute Kontaktmöglichkeiten innerhalb des Fuchsbestands, daß die Tollwut nicht erlischt. Erst bei einem Fuchsbestand von 1 Fuchs auf 300 ha, und eine sehr rasche Verminderung der Jungfüchse im Frühjahr auf diesen Wert, bringt die Tollwutinfektionskette im Laufe längerer Zeit zum Abreißen und führt zur Tollwuttilgung. Es geht also um einen Tilgungsprozeß, der mit Sicherheit einige Jahre in Anspruch nimmt und nur durch intensives Kurzhalten des Fuchsbestandes mit allen legalen Mitteln erreichbar scheint. Füchse antworten auf jede Verringerungsaktion mit einer erhöhten Vermehrungsrate, weil das Nahrungsangebot besser wird und parasitäre und virusbedingte Infektionen bei dünner Besiedlung weniger werden. Dem muß bei der Tollwutbekämpfung Rechnung getragen werden.

Beim Einbruch der Tollwut in bisher unverseuchte Gebiete erreichte die Befallszahl pro Jahr bis zu 4,1 nachgewiesene Fälle je 10 000 ha.

In Hessen gelang die Senkung der Tollwutfallanzahl auf 0,5 je 10 000 ha durch gut organisierte Baubegasungsaktionen.

Tollwutverdacht wird durch folgende Symptome und Befunde erweckt: anomales Verhalten, Vertrautheit, Apathie, Lähmungen, Beißsucht, Kopfscheuerwunden, auffallender Magenbefund (entweder leer, wasserarm oder abnormer Inhalt), Schlucklähmungen, Hängen des Unterkiefers, Stimmveränderungen in Form eines heiseren Klanges oder Bellens; Herzschwäche bei negativem parasitologischem und bakteriologischem Befund.

Die Diagnosestellung erfolgt mit großer Treffsicherheit (98%ig) durch die fluoreszenzmikroskopische Untersuchung, die mikroskopische Gehirnuntersuchung oder einen Tierversuch mit weißen Mäusen. Es gelingt im allgemeinen nicht, durch Verfüttern von tollwutinfizierten Mäusen Füchse zu infizieren.

Die Impfungen von Hund und Katze mit Lebendimpfstoffen sind bei uns verboten. Vor allem Jagdhunde sollten schutzgeimpft werden. Man muß nach Ablauf des Schutzes die Impfung wiederholen. Menschen sollten unbedingt nach einer Infektionsgefährdung – Biß, Kratzen oder mögliche Infektion von Schleimhäuten mit Tollwutmaterial – mit Lebendimpfstoff aus menschlichen Zellkulturen behandelt werden. Das Impfrisiko ist gering. Man sollte den Rat einer staatlichen Impfstelle einholen. Wunden müssen bei Infektionsgefahr gut ausgewaschen werden. Desinfektionsmittel allein geben keinen Schutz. Wichtige gesetzliche Regelungen bei Vorkommen von Tollwut s. S. 70 ff.

Die Tollwutbekämpfung muß durch eine drastische und dauernde Fuchspopulations-Verminderung geführt werden. Hierfür hat sich die Baubegasung weltweit bewährt. Ihre Anwendung ist aus Tierschutzgründen umstritten, aber bislang nicht ersetzbar. Deshalb ist schärfste Bejagung mit allen Jagdarten dringend geboten. Schluckimpfungen für Füchse in freier Wildbahn stehen dem Ziel der Besatzreduzierung im Wege. Sie sind aber durchführbar. Es ist gefahrvoll, Lebend-Virus durch Impfstoffe in die Natur zu bringen, weil man nicht weiß, was sich daraus entwickelt.

Von ganz besonderer Wichtigkeit ist die Schulung der Jäger über sämtliche Tollwutfragen, damit alle wissen, welche Bedeutung der Seuche als Gefahr für die öffentliche Sicherheit zukommt.

Für Tollwutbekämpfungsmaßnahmen sind die Amtstierärzte zuständig. Deshalb ist ihnen oder den Ordnungsbehörden Anzeige bei Tollwut und Tollwutverdacht zu erstatten. Für die Tollwutdiagnostik sind ausschließlich die zuständigen staatlichen Veterinäruntersuchungsämter zugelassen. Tollwut und Tollwutverdacht sind gemäß § 10 VG anzeigepflichtig. Durch die Tollwutverordnung v. 11. 3. 1977 erlangen Hunde, die 4 Wochen nach ihrer Tollwutimpfung und bis zum Ablauf eines Jahres mit tollwütigen oder verdächtigen Tieren Kontakt hatten, veterinärpolizeiliche Besserstellung. Sie dürfen nicht mehr getötet werden. Sie müssen nur unverzüglich wieder geimpft werden. Deshalb sollten Jagdhunde alle 12 Monate schutzgeimpft werden. Tollwutvirus bleibt lange nach dem Tode infizierter Tiere infektionstüchtig. Die Inkubationszeit liegt zwischen (7)–20–60–(180) Tagen.

Aujeszkysche Erkrankung

Die Aujeszkysche Erkrankung oder auch Pseudowut ist wegen ihrer Bedeutung in Hausschweinhaltungen im Jahre 1980 eine anzeigepflichtige Seuche geworden. Der Erreger ist ein Virus, das im Zentralnervensystem und im gesamten Organismus vorkommt. Die Bedeutung der Erkrankung für die Jagd liegt einmal darin, daß durch ungekochtes Schweinefleisch von erkrankten Tieren Hund und Katze u. a. Haustiere tödlich erkranken. Zum anderen kann ein Schwarzwildbestand befallen werden. Der Mensch ist nicht empfänglich. Die Inkubationszeit beträgt 3 bis 6, maximal bis 10 Tage. Die Krankheitsanzeichen können tollwutähnlich sein. Dabei sind Ruhelosigkeit, Angst, Speichelfluß, taumelnder Gang, Juckreiz häufig. Der Tod tritt nach rapidem Kräfteverfall meist schon nach 2 Tagen ein. Die Diagnose wird an Hirnsubstanz mit Hilfe des Fluoreszenztestes gestellt. Eine Impfung ist bislang nur beim Schwein möglich.

Schweinepest

Die afrikanische und die europäische Schweinepest werden durch zwei verschiedene Virusarten hervorgerufen; beide lösen nur beim Schwein Seuchen aus. Es sind zwei verschiedene Krankheiten und bewirken nach Erkrankungen keine gegenseitige Immunität. Wir haben es z. Z. mit der europäischen Schweinepest zu tun. – Würde die afrikanische Schweinepest in unser Land eingeschleppt, so wären verheerende Haus- und Wildschweinverluste die Folge, weil unsere Schweine keine Abwehrstoffe gegen das Virus dieser Seuche haben. Die Inkubation beträgt 3 bis 5 Tage.

Die europäische Schweinepest hat schon öfter in Wildschweinbeständen zu einzelnen Seuchenzügen mit hohen Verlusten geführt. Sie wurde über Hausschweinkadaver oder Speisereste und Küchenabfälle auf Wildschweine übertragen. Weil das Virus eine hohe Infektiosität besitzt, kommt es leicht zur Ansteckung beim Kontakt kranker mit gesunden Tieren oder durch Berührung infizierten Schweinefleisches. Ist die Schweinepest in einem Revier erst einmal ausgebrochen, so verbreitet sie sich sehr schnell im wildschweinbesetzten Bezirk, bis alle Tiere infiziert und durchgeseucht oder verendet sind. Sie endet an der Bestandesgrenze des Schwarzwildes oder dort, wo der Bestand so dünn ist, daß Kontaktinfektionen ausbleiben. Haben Tiere die Schweinepest überstanden, zeigen sie überwiegend eine stabile Immunität. Die Sterblichkeitsrate ist mit dem Stationärwerden der Schweinepest bei uns innerhalb der vergangenen 20 Jahre erheblich gesunken. Dies ist eine Parallelentwicklung zu anderen Virusseuchen und mit deren längerem Bestehen (Geflügelpest, Myxomatose).

Neue gesetzliche Bestimmungen haben dem Schwarzwild erweiterte Schonzeiten gebracht. Dies hat zu einer Bestandeserhöhung geführt. Dichtbesetzte Reviere sind durch die Schweinepest besonders gefährdet. Deshalb sollte man sich hüten, einen zu hohen Schwarzwildbestand anwachsen zu lassen.

Die Widerstandsfähigkeit des Schweinepestvirus ist leider recht groß. Im gefrorenen Fleisch ist es jahrelang infektiös. Gepökelt überdauert es 6 Monate. Selbst faule Kadaver können 15 Tage lang infektiös bleiben. In Jauche bleibt das Virus höchstens 24 Stunden lebensfähig. Eine besondere Gefahr stellen infizierte aber nicht erkrankte Schweine dar; sie können über lange Zeit Virusträger und -ausscheider sein.

Der Krankheitsverlauf ist akut oder auch chronisch. Größere Verluste, herabgesetzte Aktivität und Aufmerksamkeit, Bewegungsstörungen, Verlust von Scheu und Durst können äußere Anzeichen der Pest sein. Man findet die erkrankten Tiere bevorzugt in der Nähe von Gewässern. Bei der Sektion zeigen sich Entzündungen in der Lunge und im Magen-Darm-Kanal, Blutungen vor allem in den Schleimhäuten der Lunge, des Magen-Darm-Kanals, der Blase, des Kehlkopfes und der Nierenrinde. Die Lymphknoten sind blutig infiltriert, das fällt am ehesten auf. Infarkte in den Milzrändern sind als blutergußähnliche Gebilde häufig. – Bei der Bekämpfung der Schweinepest steht an erster Stelle das Ausschalten von Infektionsquellen, d. h., Beseitigen von Fallwild und Aufbrüchen. Küchenabfälle dürfen nur gekocht dem Schwarzwild zugänglich sein. Eine Vermehrung des Bestandes ist durch kräftigen Eingriff in die Frischlingsklasse zu verhindern.

Ist die Seuche bereits im Revier, so sollte man den erkrankten Bestand in Ruhe lassen, vieleicht sogar noch füttern, um ihn am Ort zu halten. Im weiten Umkreis sollte gründlich reduziert werden, also durch fallende Wilddichte der Ausbreitung entgegenwirken.

Impfungen gegen Schweinepest sind verboten, Ausnahmen sind durch die Veterinärbehörden genehmigungspflichtig. Ausnahmegenehmigungen werden im allgemeinen aber nicht erteilt. Eine spezifische Heilbehandlung ist unbekannt.

Europäische und afrikanische Schweinepest sind anzeigepflichtige Seuchen gemäß § 10 VG.

Myxomatose der Wildkaninchen

Die Myxomatose ist seit Jahrzehnten bekannt, hat aber erst seit 1952 in Europa Bedeutung erlangt. Die europäischen Wildkaninchen sind gegen Myxomatose sehr anfällig. Versuche in Australien und Neuseeland, Kaninchen durch künstliche Myxomatoseinfektionen zu bekämpfen, schlugen nach anfänglichen Erfolgen fehl, weil die Sterblichkeitsrate mit der Zeit sank.

1952 wurde in Frankreich ein Seuchenherd künstlich geschaffen. Bereits 1953 traten von dort ausgehend verheerende Verluste bei Wild- und Hauskaninchen in ganz Frankreich auf. Schon bald war die Krankheit in England, Belgien, Holland, Spanien, Österreich und Deutschland verbreitet. Seit 1956 gehen die hohen Verluste zurück, und es scheint allmählich zum Erlöschen der so außergewöhnlich akuten Seuchenzüge zu kommen.

Dafür tritt die Myxomatose jetzt mehr stationär mit sich öfter wiederholendem Aufflackern auf. Aber die Verlustquote ist nicht mehr so hoch wie früher. In Deutschland ist die Myxomatose bisher nicht erloschen und zeigt auch keine dahingehende Tendenz. Der Erreger der Krankheit, ein Virus, breitet sich im gesamten Organismus aus und ruft schwere gallertige Ödeme in der Unterhaut, vor allem am Kopf (Löwenkopf), den Löffeln und um das Weidloch hervor. Die Unterhaut sieht aus wie gelbliche, klare, noch etwas flüssige Gelatine. Der Anfang der Krankheit zeigt sich nach 2- bis 5tägiger Inkubation in Form einer Bindehautentzündung mit Verkleben der Augenlider und Tränenfluß. Häufig stellt sich eine Lungenentzündung ein. Nach 8 bis 14 Tagen endet die Krankheit zu einem sehr hohen Prozentsatz tödlich. – Nicht alle Tiere (Hase und Kaninchen) mit einem sogenannten Löwenkopf sind an Myxomatose erkrankt. Es kann sich in solchen Fällen – vor allem beim Hasen – auch um bakterielle Erkrankungen handeln. Myxomatosefälle beim Hasen sind nur ganz selten beobachtet worden. Eine Behandlungsmethode erkrankter Tiere ist unbekannt. Eine Impfung mit Fibromvirusimpfstoff hat sich als wirksame Vorbeugung bei Kaninchen in Menschenhand bewährt.

Das Wildbret erkrankter oder an Myxomatose eingegangener Kaninchen ist nicht genußtauglich.

Der Infektionsweg geht:
1. durch direkten Kontakt mit erkrankten Tieren;
2. in der Mehrzahl der Fälle im Winter durch den Kaninchenfloh mit langsamer Seuchenausbreitung;
3. in der Mehrzahl der Fälle im Sommer durch fliegende und stechende Insekten. Diese Seuchenzüge breiten sich meist entlang einer Flußniederung und in Sumpfgegenden aus.

Mücken können mit dem Winde weit verweht werden und die Seuche über große Entfernungen verschleppen. Aus dieser Tatsache erklären sich viele rätselhaft erscheinende, weit abgelegene Myxomatoseherde.

Daher schützt man Hauskaninchen am besten mit mückensicheren Drahtgittern.

Die Sonne tötet das Virus in kurzer Zeit. Es ist aber sehr resistent gegen Desinfektionsmittel außer gegen Formalin. Anzeigepflicht besteht bei der Myxomatose der Wildkaninchen nicht. Eine Orientierung der Unteren Jagdbehörde ist ratsam.

Geflügelpest

Es gibt zwei Geflügelpestarten. Die klassische Geflügelpest kommt bei uns nicht vor. Dagegen ist die sog. atypische Geflügelpest oder Newcastle-Krankheit in der Bundesrepublik von so großer Bedeutung, daß durch die Geflügelpestverordnung vom 19. 12. 1972 (BGBl. I. S. 2509) und deren Änderung durch Verordnung vom 26. 6. 1975 (BGBl. I. S. 1759) eine Impfung aller Hühnerbestände von mehr als 200 Hühnern vorgeschrieben ist. Hat Wildgeflügel Kontakt zu solchen Hühnern, so besteht auch dafür Impfpflicht.

Die atypische Geflügelpest kann in Fasanerien schlagartig zu schweren Verlusten führen. Wenn der Wildgeflügelbestand insgesamt plötzlich krank erscheint und erhöhte oder sogar sehr große Sterblichkeit auftritt, dazu Durchfälle und Atembeschwerden, so muß man an Geflügelpest denken. Fieber und nervöse Störungen gehören zum Krankheitsbild.

Bei der Sektion findet man oft nur sehr wenig. Schleimhautblutungen sind für Geflügelpest verdächtig. Die Infektion erfolgt durch Einschleppen des Virus mit infizierten Tieren, über freilebende Vögel, infizierte Eier oder mit Virus behaftete Gegenstände. Die Krankheitsfeststellung wird vom beamteten Tierarzt durch Sektion oder in den staatlichen Veterinäruntersuchungsämtern vorgenommen.

Eine Heilbehandlung gibt es nicht.

Die sicherste Vorbeugung gegen Geflügelpest besteht in einer zu wiederholenden Impfung, durch äußerste Vorsicht beim Geflügelhandel sowie beim Kauf von Futtermitteln oder Geräten aus fremden Geflügelbeständen.

Geflügelpestfälle in freier Wildbahn sind in dichtbesetzten Revieren bereits mehrfach vorgekommen. Der Bestand muß dann verringert werden, die Seuche muß sich totlaufen, bis alle noch vorhandenen Fasanen entweder durchgeseucht oder verendet sind.

Die Geflügelpestarten sind gemäßt § 10 VG anzeigepflichtig.

Es gibt neben der Geflügelpest zahlreiche virusbedingte Krankheiten, die vor allem bei größeren Tieransammlungen besonders in Fasanerien vorkommen können. Es würde den Rahmen dieses Buches sprengen, wollte man all diese Geflügelkrankheiten besprechen. Es sei nur darauf hingewiesen, daß es gegen Viruskrankheiten nur zwei erprobte Mittel gibt. Das Wirksamste ist eine vorsorgliche Impfung, sie wird meist über das Trinkwasser verabfolgt und muß mit Nachimpfungen in ihrer Wirksamkeit aufrechterhalten werden. Außerdem sind strengste Sauberkeit, Vorsicht bei Zukauf und die Trennung des Wildgeflügels von aus Hausgeflügelbrütereien zugekauften Tieren anzuraten.

Geflügelpocken und Taubenpocken

Pocken sind 2 verwandte Viruserkrankungen der Tauben, weniger die der Wildhühnervögel. Unter den Hühnervögeln ist in freier Wildbahn am häufigsten das Rebhuhn betroffen.

Jungtiere erkranken leichter, weil sie meist noch keine Immunität besitzen.

Die Pockenviren sind wahrscheinlich sehr weit verbreitet. Es erkranken aber verhältnismäßig wenige Tiere. So kommt es zu einer „stillen Durchseuchung" vieler Wildtaubenbestände.

Anzeichen, die für Pocken sprechen, sind Schnabeldeformationen, pockenartige Wucherungen und Borken am Schnabel und an den Ständern. Es sind also die unbefiederten Teile der Haut betroffen. An den Zehen sterben große Hautbezirke ab, so daß sich die Vögel nicht mehr auf Baumästen halten können. Die Tiere sitzen oft unaufmerksam mit gesträubtem Gefieder herum, dies gilt vor allem für den Krankheitsbeginn oder für akute Verlaufsformen.

Eine Bekämpfung der Geflügelpocken beim Wild ist unbekannt. Anzeigepflicht besteht nicht.

Zeckenencephalitis

Die Zeckenencephalitis oder auch Frühsommergehirnhaut-Gehirn-Entzündung (FSME) ist eine seit Jahren aus dem Osten vordringende Gehirnhaut- und Gehirnentzündung beim Menschen. Den Erreger, ein Virus, hat man vor allem bei der Rötelmaus und dem Igel, aber auch beim Reh, bei Hauswiederkäuern u. a. Tieren gefunden. Klinisch erkranken von wildlebenden Tieren – soweit bekannt – Fuchs und Hausmaus. Hauptüberträger von Tieren auf den Menschen sind Zecken, vornehmlich der sogenannte Holzbock (Ixodes ricinus). Diese Zecken und deren Larven leben vor allem im Walde, besonders aber im Unterholz an Waldrändern. Deshalb sind auch diejenigen Menschen am gefährdetsten, die sich viel im Walde aufhalten. Im Winter spielt die

Krankheit keine Rolle, weil die Zecken in der kalten Jahreszeit nicht aktiv sind. Das Virus kann außerhalb eines Wirtes höchstens 6 Tage überleben; aber es überlebt die Umwandlung der Zeckenlarvenstadien zur geschlechtsreifen Zecke.

Die Gehirnhaut-Gehirn-Entzündung ist eine für Menschen recht gefährliche mit starken Kopfschmerzen und nervösen Störungen verbundene Erkrankung. Bislang tritt sie selten bei uns auf. Klinisch verläuft der FSME oft in zwei Phasen nach einer Inkubationszeit zwischen einer und drei Wochen ab. Das erste Krankheitsstadium in Form eines grippalen Infektes mit leichtem Fieber dauert meist 4 bis 6 Tage. Danach können 8 völlig beschwerdefreie Tage folgen. Erst die daran anschließende Phase bewirkt mit Fieber um 40° C eine ziemlich gefürchtete Gehirnhaut-Gehirn-Entzündung von 3 bis 8 Tagen Dauer und endet in der weitaus größten Anzahl mit Heilung. 1 % der Fälle geht tödlich aus. Bei 10 % der Patienten kommt es zu Spätschäden im Zentralnervensystem.

Bei der Heilbehandlung ist eine Hyperimmunserumgabe, nur in der ersten Phase verabreicht, sinnvoll. Die Diagnosestellung erfolgt durch eine serologische Untersuchung des Blutes. Die Zeckenencephalitis ist eigentlich keine typische Wildkrankheit. Wildtiere sind aber das Virusreservoir. Als Überträger der Krankheit auf den Menschen wirken fast ausschließlich Zecken.

Ornithose

Die Ornithose ist eine vor allem bei papageienartigen Vögeln sehr häufig vorkommende Viruskrankheit. Darum nennt man sie auch Psittakose oder Papageienkrankheit. Das Virus ist so groß, daß man es gerade noch mit dem Lichtmikroskop wahrnehmen kann. Als Heilmittel gegen Ornithose ist das Antibiotikum Tetracyclin mit Erfolg anwendbar. Dies ist wichtig zu wissen, weil die Ornithose für den Menschen ansteckend ist; sie verläuft dann unter dem Bilde eines grippalen Infektes, oft auch mit einer kleinherdförmigen Lungenentzündung. Die Krankheit hat weltweit Bedeutung für Mensch und Tier. Vögel sind mehr oder weniger alle gefährdet. Besonders häufig wurde das Virus bei Tauben gefunden. Die erkrankten Vögel zeigen gesträubtes Gefieder, Fieber, verklebte Nasenlöcher und Durchfall. Die Milz ist vergrößert, die Leber läßt kleine Nekrosen erkennen, manchmal sieht man eine Bauchfellentzündung.

Die Infektion des Menschen geht vor allem von eingeatmetem Gefiederstaub erkrankter Vögel aus. Deshalb sollte man grundsätzlich Vögel vor dem Rupfen anfeuchten, damit Staubinfektionen vermieden werden. Katzen, Kälber, Mäuse u. a. Tiere sind ebenfalls mit dem Ornithosevirus infizierbar.

Bei allen Viruserkrankungen ist die **Fleischbeschau** durch den amtlich bestellten Fleischbeschauer vorzunehmen, wenn das Stück als Nahrungsmittel dienen soll. Es sind alle Teile des Stückes vorzulegen.

Bakterielle Krankheiten

Pseudotuberkulose der Nagetiere

Die Pseudotuberkulose, auch Rodentiose genannt, ist eine weitverbreitete bakterielle Seuche der Nagetiere. Sie kommt aber auch bei Vögeln, Rehen, Haussäugetieren und beim Menschen vor. Beim Hasen ist sie die verlustreichste bakteriell bedingte Krankheit. Der Erreger, Yersinia pseudotuberkulosis, ist ein stäbchenförmiges Bakterium, das durch Kochen sehr schnell abgetötet wird.

Der Verlauf der Krankheit ist entweder akut in Form einer Sepsis (Blutvergiftung durch Bakterien), die innerhalb weniger Tage tödlich endet – dabei findet man in den meisten Fällen eine akute Lungen-Magen-Darm-Entzündung –, oder der Krankheitsverlauf geht chronisch mit Bildung von feinen gelben Herden in der Lunge, der Leber, der Milz, den Nieren, den Lymphknoten und der Darmwand einher. Die gelben Herde sind von Hirsekorn- bis Erbsengröße und in der Mitte mit gelber, käsiger Masse gefüllt. Diese Krankheitsform kann natürlich auch jederzeit zu einer Sepsis führen. Sonst gehen die Tiere bei chronischem Verlauf nach völliger Entkräftung und Abmagerung ein. Die Infektion erfolgt auf dem Verdauungs- oder Atmungswege nach Berühren verseuchter Artgenossen oder bakteriell verunreinigter Äsung.

In der Lunge kommt es oft zu Infektionen, weil Lungenwürmer dort Gewebeschäden gesetzt haben, durch die Pseudotuberkulosebakterien leicht in die Blutbahn eindringen können. Bei starkem Magenwurmbefall treten die ersten sichtbaren gelben Pseudotuberkuloseherde meist zuerst in der Dickdarm-Dünndarm-Klappe und besonders in der Leber auf, weil der Blutweg vom Darm zur Leber führt und die Bakterien automatisch in die Leber eingeschwemmt werden.

Ein seuchenhafter Ausbruch der Krankheit tritt im allgemeinen nach starken Belastungen der Hasen durch Parasitenbefall, schlechte Witterung oder Hunger ein. Die Seuche erlischt wieder, wenn ungünstige Lebensbedingungen nicht mehr einwirken. Die Zusammenhänge zwischen der Pseudotuberkulose und anderen meist parasitären Erkrankungen sind bislang zu wenig beachtet worden. Die Bekämpfung bei großen Verlusten ist (Einzelfälle werden immer nach kräftigen Infektionen auftreten) am besten durch Verbesserung der allgemeinen Lebensbedingungen, Wurmkuren, Fütterung und Dezentralisierung der Fütterungen zu erreichen. Fallwild sollte verbrannt, tief vergraben oder einer Tierkörperbeseitigungsanstalt übergeben werden.

Die Diagnosestellung erfolgt in tierärztlichen Instituten (Veterinäruntersuchungsämter, Jagdkundeinstitute) mit Hilfe der bakteriologischen Untersuchung, wobei die Erreger der Pseudotuberkulose vor allem von denen der Pasteurellose zu differenzieren sind. Für erfahrene Jäger, die das pathologisch-anatomische Bild mit den feinen gelben Herden vor allem in der Leber und der vergrößerten Milz kennen, ist die Diagnosestellung nicht schwierig.

Bei Pseudotuberkulose ist eine amtliche Fleischbeschau erforderlich. Bei kleinen Tieren lohnt sich dies kaum. Die Tierkörper sind dann unschädlich zu beseitigen.

Pasteurellose oder Hasenseuche

Pasteurellose tritt bei Hasen, Fasanen, Rebhühnern, Kaninchen u. a. jagdlich weniger bedeutsamen Tierarten im Zusammenhang mit ungünstigen Lebensbedingungen seuchenhaft auf. Im vorigen Jahrhundert zählte die Pasteurellose zu den großen verheerenden Seuchen unserer Haus- und Wildtiere. Dies hat sich grundlegend geändert, indem seuchenhaftes Auftreten seltener geworden ist und weniger Verluste bringt. Der Krankheitserrger, ein stäbchenförmiges Bakterium (Pasteurella multocida), kann im Blut und in allen Organen in großen Massen gefunden werden und gibt zu einer Blutvergiftung durch den Krankheitserreger (Hämorrhagische Septikämie) Anlaß. Kochen tötet die Bakterien sofort. Sonnenlicht und Trockenheit vernichten sie schnell. Die Ansteckung erfolgt über die Atmungs- oder Verdauungswege mit der Äsung. Bei der Sektion findet man in den meisten Fällen eine Lungen-, Brustfell- und Herzbeutelentzündung mit Verkleben von Lunge, Brustfell und Herzbeutel sowie eine Bronchitis. Die Milz ist mäßig geschwollen und schwarzrot-breiig. Die Leber hat ein trübes, verwaschenes Aussehen. Der Herzmuskel ist schlaff und erscheint braun und brüchig. In der Mehrzahl der Fälle besteht eine schleimig-wäßrige Magen-Darm-Entzündung. Findet man das oben beschriebene Bild, so ist der Krankheitsverlauf nicht allzu rasch (subakut) gewesen. Bei Erkrankungsfällen mit einem sehr raschen Verlauf (akut) findet man beim Zerlegen oft nur feinste Blutungen in den inneren Organen und eine leichte Milzvergrößerung. Bei ausgesprochen chronischem Verlauf stehen Abmagerung sowie Abszeßbildung in der Lunge und in anderen Organen im Vordergrund des Krankheitsablaufs. Die sichere Diagnose kann nur mit Hilfe einer bakteriologischen Untersuchung gestellt werden. Diese Seuche ist eine der häufigeren Hasenkrankheiten. Sie kann zu größeren Verlusten führen, besonders dann, wenn der Tierbestand ungünstigen Lebensbedingungen ausgesetzt war (wie Parasitenbefall, Äsungsmangel, Nässe).

Die Seuche kommt zum Stillstand, wenn die allgemeinen Lebensbedingungen sich wieder gebessert haben (gute Ernährung, Trockenheit usw.).

Verendet gefundene Hasen sind unschädlich zu beseitigen oder tief zu vergraben, falls sie nicht als Untersuchungsmaterial Fachinstituten (Veterinäruntersuchungsämter, Tierseucheninstitute, Institut für Wildforschung und Jagdkunde u. a.) eingesandt werden sollen. Die Krankheit ist für den Menschen nicht ansteckend, dennoch ist jeder offensichtlich an dieser Seuche erkrankte Hase bei der Fleischbeschau als untauglich zu beurteilen.

Es besteht Anzeigepflicht für Geflügelcholera nach § 10 VG (1) Nr. 11. Die Geflügelcholera ist eine Pasteurellose.

Salmonellosen oder Paratyphosen

Salmonellen sind Bakterien, die in mehreren hundert verschiedenen Arten auf der Welt nachgewiesen wurden. Es handelt sich dabei um Verursacher mehr oder weniger spezifischer Tierkrankheiten, wie z. B. die weiße Kükenruhr oder von Darmentzündungen bei vielen Tieren, von den Vögeln (Tauben, Eulen) bis zum Haarwild (Schwarzwild). Die Salmonellenarten bilden Giftstoffe in unterschiedlicher Art und können bei Tieren zur Sepsis mit tödlichem Krankheitsverlauf führen. Für den Menschen sind die Salmonellen – außer dem Typhuserreger – keine Erreger spezifischer Krankheiten. Vielmehr bilden die Salmonellen im Darm des Menschen Giftstoffe, die für ihn außerordentlich ernste Vergiftungen hervorrufen können. Aus diesem Grunde stellt mit Salmonellen durchsetztes Tierfleisch eine große Gefahr für den Menschen dar. Tiere mit Durchfall sind immer als mögliche Salmonellen- und damit als Fleischvergiftungsträger anzusehen. Der Darm eines gesund erscheinenden Tieres kann sehr wohl Salmonellen enthalten. So können Dauerausscheider unerkannt bleiben. Oft tritt eine Salmonellose als Sepsis (Erregerstreuung im ganzen Körper) erst dann ein, wenn das betroffene Tier als Folge ungünstiger Einflüsse geschwächt war.

Hauptsächlich aus diesem Grunde wurde bei kranken Tieren die sogenannte bakteriologische Fleischbeschau vorgeschrieben, damit Salmonellenträger nach der Schlachtung ermittelt werden können und so Fleischvergiftungen verhindert werden.

Die sogenannte weiße Kükenruhr ist eine in Fasanerien sehr gefürchtete Salmonellose mit hoher Verlustrate.

In jedem Falle von Salmonellose ist Fleischbeschau erforderlich, die meist zur Beurteilung untauglich führt.

Tularämie

Die Tularämie ist eine in der Bundesrepublik seltener und regional auftretende Krankheit vor allem bei Nagetieren aber auch vieler anderer Wild- und Haustiere. Zugvögel können die Tularämie aus nordischen Ländern einschleppen. In Norwegen ist sie als „Lemmingseuche" bekannt. Ihre Bedeutung liegt darin, daß der Mensch recht empfänglich für diese Krankheit ist. Die Infektion geht bei uns fast immer von infizierten Hasen oder Kaninchen aus. Auch eine indirekte Übertragung vom Tier auf den Menschen durch stechende Insekten ist möglich. Krankheitserreger ist ein sehr kleines Bakterium, das durch Kochen sofort abgetötet wird und empfindlich gegen alle gebräuchlichen Desinfektionsmittel ist. An künstliche Nährboden stellt es hohe Ansprüche.

Beim Menschen verläuft die Krankheit bei großer Abgeschlagenheit mit Schüttelfrost, Fieber und auffallend langer Erholungszeit. Die Lymphknoten schwellen, und es zeigt sich eine Milzvergrößerung. Bei Menscheninfektion besteht Meldepflicht (§ 3 Bundesseuchengesetz). Bei Tieren, vor allem Hasen, Kaninchen, Ratten, zeigen sich Lymphknotenschwellung und Verkäsung, kleine gelbe Herde in Leber, Lunge und Milz sowie starke Milzvergrößerung. Hat man diese Krankheitsanzeichen bei Hasen, sollte man deshalb sehr vorsichtig sein und das Wildbret nicht weiter verarbeiten. Bei Menschenerkrankungen nach Kontakt mit solchen Tieren sollte man auf jeden Fall seinen Arzt auf mögliche Zusammenhänge hinweisen. Nur durch serologische und bakteriologische Untersuchung lassen sich Tularämie, Pseudotuberkulose und Tuberkulose sicher voneinander abgrenzen. Der Krankheitsverlauf kann bei Tier und Mensch sowohl akut als auch chronisch sein.

Anzeigepflicht bei Tularämiefällen beim Wild besteht nicht. Die fleischbeschauliche Beurteilung ist in jedem Falle untauglich.

Stapylokokkenerkrankung

Staphylokokken sind in der Natur sehr weit verbreitete Kugelbakterien verschiedener Arten, die vor allem beim Hasen, selten aber auch beim Kaninchen und Schalenwild zu fortschreitenden

Eiterungen in der Haut, der Lunge oder verletztem Gewebe führen. Die am meisten gefundenen Erreger sind Staphylococcus pyogenes albus und Staphylocossus pyogenes aureus.

Als selbständige Erkrankung dürfte die Staphylokokkose selten auftreten. Aber nach Verletzungen, Entzündungen und Bohrschäden von Lungenwürmern im Lungengewebe treten Infektionen mit Staphylokokken häufig ein und führen zu fortschreitenden eitrigen Entzündungen im betroffenen Gewebe und den zugehörigen Lymphknoten. Der Eiter sieht bei der Staphylokokkose gelb-käsig aus. Er ist aber nicht bröckelig-trocken, wie oft bei den Brucellosen (seuchenhaftes Verwerfen), sondern zähschmierig und stinkt nur wenig, im Gegensatz zu dem von Corynebakterium pyogenes erzeugtem Eiter.

Bei der Fleischbeschau können nur vereinzelte gut abgekapselte Abszesse toleriert werden. Sie müssen sauber entfernt werden.

Stapylokokkenerkrankungen treten nicht seuchenhaft auf.

Sie unterliegen nicht der Anzeigepflicht.

Brucellose

Brucellose, eine durch sehr kleine Bakterien (Brucellen) hervorgerufene Seuche, ist sehr weit unter den verschiedensten Tieren und auch beim Menschen verbreitet. In der Bundesrepublik Deutschland ist sie in den letzten Jahren nach einer umfangreichen Tilgungsaktion bei Rind und Schwein selten geworden. Gleichlaufend sind auch beim Wild die Erkrankungsfälle gesunken. Dies deutet ganz eindeutig auf Zusammenhänge von Haustier- und Wildtierbrucellose hin. Haustiere stelltenen dabei das Reservoir. Die Brucellen kommen in drei Arten vor und erzeugen beim Rindvieh und beim Schwein seuchenhaftes Verwerfen. Als dritte Krankheit ist das Maltafieber bekannt. In Deutschland wurden beim Hasen die gefundenen Brucellenstämme entweder als Erreger des seuchenhaften Verkalbens oder des seuchenhaften Verferkelns identifiziert. Die Brucellose verläuft meist langsam mit fortschreitender Abmagerung. Sie ruft vor allem im Tragsack oder in den Hoden gelb-käsige Herde hervor. Die Milz erscheint ungewöhnlich stark vergrößert. In der Milz, den Nieren und der Leber, oft auch in der Lunge, finden sich gelbe käsige Knoten. Ein sicherer Nachweis ist nur nach einer Untersuchung in einem geeigneten Institut durch eine bakteriologische Untersuchung möglich. Die Diagnosesicherung durch eine bakteriologische Untersuchung dauert mehrere Tage, weil die Brucellen erst nach dieser Zeit sichtbare Kolonien liefern. – Vermutlich erfolgt die Infektion auf der Weide durch Aufnahme von brucellenverschmutztem Futter. Beim Rammeln wird die Krankheit dann von Hase zu Hase weiterverbreitet. Die Brucellose kommt beim Hasen verhältnismäßig selten vor. Bei Verdacht sollten Hasen entweder als Untersuchungsmaterial geeigneten Instituten eingeschickt oder aber tief vergraben (mindestens 50 cm) und verwittert werden, zumal sie als Ansteckungsquelle für Mensch und Tier dienen können.

Brucellose ist laut § 10 VG eine anzeigepflichtige Seuche.

Die Fleischbeschau führt zur Beurteilung untauglich.

Strahlenpilzerkrankung

Strahlenpilz oder Aktinomykose kommt beim Schalenwild ab und an als Einzelerkrankung vor. Seuchenhaftes Auftreten ist bei dieser Krankheit unbekannt. Deshalb ist die Aktinomykose für Wildbestände unbedeutend. Ein betroffenes Einzeltier dagegen geht nach langer unaufhaltsam fortschreitender Krankheit zugrunde. Auch der Mensch kann sich vor allem durch Kauen an Grashalmen infizieren.

Als Erreger gelten hauptsächlich die zwei Bakterienarten Actinomyces bovis und Actinobazillus lignieresi, wobei die erste hauptsächlich Knochenaktinomykose und die zweite Weichteilaktinomykose verursacht. Beide Aktinomykosearten zeigen bei der mikroskopischen Untersuchung das gleiche Bild, die sogenannten Drusen. Sie sind aus radiär gestellten keulenförmigen Gebilden zusammengesetzt. Das dürfte der Grund dafür sein, daß zwei verschiedene Krankheiten unter gleichem Namen existieren. Die Knochenaktenomykose tritt vor allem im Ober- oder Unterkiefer der Wiederkäuer auf. Besonders häufig geht die Infektion von Zahnwechsel-Wunden zwischen dem 3. und 4. Backzahn aus. Es kommt von dort aus zu fortschreitenden Eiterungen. Weil die Bakterien schwer vom Körper angreifbar sind, durchbricht der Eiterungsprozeß immer wieder die vom Körper errichteten, zum großen Teil aus kleinen Knochenkammern bestehenden Abkapselungen. Auf diese Weise nimmt der befallene Knochen immer mehr an Umfang zu; dabei wird er durch die vielen Abszeßhöhlen brüchiger. Auf diese Weise kann es zu umfangreichen Gewebezerstörungen im umgebenden Bereich kommen.

Die Weichteilaktinomykose tritt vor allem im Gesäuge der Schweine in Form großer derber Knoten in einzelnen Gesäugeabschnitten auf. Seltener wurde sie in der Zunge der Wiederkäuer festgestellt.

Bei beiden Strahlenpilzformen geht die Infektion von kleinen Wunden in der Mundhöhle, der Zunge oder dem Gesäuge aus. Die Erreger durchdringen unverletztes Gewebe nicht. Sie kommen im Freien auf Gras, in der Erde oder auch im Magen-Darm-Kanal der Tiere oder des Menschen vor, ohne Schaden anzurichten.

Bei nicht abgekommenen Tieren werden die veränderten Teile untauglich und der sonstige Tierkörper tauglich beurteilt.

Tuberkulose

Tuberkulose wird von drei verschiedenen Tuberkulosebakterienarten verursacht und tritt bei Rindern, Geflügel und Menschen auf. Dementsprechend werden die einzelnen Tuberkulosearten auch nach ihrem Hauptwirt benannt. Dies bedeutet aber nicht, daß sie auf ihre Hauptwirte beschränkt bleiben. Noch vor 20 Jahren war die Rindertuberkulose sehr weit verbreitet. Damit traten beim Schalenwild ab und an Rindertuberkulosefälle auf. Heute, nach der weitgehenden Tilgung der Rindertuberkulose, stellen der Mensch und das Huhn das Haupttuberkulosereservoir dar. Aus diesem Grunde treten jetzt diese Erregerarten in seltenen Fällen beim Wild auf. In meinem Sektionsmaterial hatte ich eine Jungbache mit Geflügeltuberkulose, die alle Organe erfaßt hatte. Außerdem wurden mehrere Fasanen mit Geflügeltuberkulose vorgefunden. Ausgangspunkte der Infektionen waren immer ältere Hühner. Auf keinen Fall dürfen eingegangene Hühner auf den Mist geworfen und dann aufs Feld gefahren werden. Geflügel, das über zwei Jahre alt ist, hat niemals etwas in Fasanerien zu suchen, denn diese Tiere sind durch ihren Kot eine große Infektionsgefahr für alles Wildgeflügel. Das pathologische Bild der Tuberkulose ist durch feinste bis große gelbe Eiterherde in Leber, Nieren, Milz, Lunge und Darm gekennzeichnet. Lymphknoten und Milz sind vergrößert. Bei Säugetieren neigen die Lymphknoten zur Verkäsung und Verkalkung.

Alle drei Tuberkulosearten sind für den Menschen in unterschiedlicher Weise pathogen.

Anzeigepflicht besteht nicht. Eine amtliche Fleischbeschau ist durchzuführen.

Rotlauf

Rotlauferkrankungen sind beim Hausschwein häufig; sie werden von einem schlanken Bakterium verursacht, das penicillinempfindlich ist. Beim Schwarzwild ist Rotlauf selten. Bislang wurden nur Einzelerkrankungen geschwächter Tiere beobachtet. Mir ist nur ein Rotlauffall bekannt geworden, der bei einer Überläuferbache mit Geburtshindernis auftrat. Infektionen sind im Tierreich weit verbreitet. Einige Fälle wurden bei Rind, Schaf, Pferd, Hund, Mäusen, Ratten, Nerzen, Enten, Tauben, Hühnern und Fasanen beobachtet.

Septikämien, d. h., Überschwemmungen des ganzen Körpers mit Bakterien, treten bei akutem Rotlauf auf. Herzklappen und Herzinnenhautentzündungen sowie Gelenkentzündungen stehen bei chronischem Verlauf im Vordergrund. Rotlaufbakterien können überall im Erdreich vorkommen. Auch der Mensch kann sich infizieren. Dies geschieht meist in Form von Wundinfektionen mit Knochen. Um die Wunde entstehen scharfbegrenzte, stark schmerzhafte Hautrötungen und Schwellungen.

Anzeigepflicht laut § 10 VG besteht nicht. In jedem Falle ist die amtliche Fleischbeschau durchzuführen.

Gamsblindheit (Keratoconjunktivitis infektiosa)

Die Gamsblindheit wird durch einen zwischen Bakterien und Virus einzuordnenden Mikroorganismus (Mykoplasma conjunktivae) verursacht. Die Krankheit tritt seuchenhaft auf in Form von Bindehautentzündung mit eitrigem Tränenfluß, dann Hornhauttrübung und schließlich Abszeßdurchbruch in das Augeninnere. Die Folge ist Erblindung ein- oder zweiseitig. Die Übertragung erfolgt durch Kontakt von Tier zu Tier oder durch Insekten. Die Inkubation beträgt nur wenige Tage.

Eine Heilbehandlung gelingt in frühen Stadien mit Chloramphenicol. Gamsblindheit ist neben der Gamsräude die bedeutendste Gamsseuche. Anzeigepflicht besteht nicht.

Auch bei anderen Tierarten gibt es sehr ähnliche Erkrankungen. Eine amtliche Fleischbeschau in akuten Fällen ist notwendig.

Vergiftungen und deren Feststellung

Tierärztliche Untersuchungsanstalten und jagdkundliche Institute erhalten häufiger eingegangene Wildtiere, bei denen Verdacht auf Vergiftung besteht, zum Feststellen der Todesursache. Solcher Verdacht ist vor allem dann gegeben, wenn man zahlreiche Tiere auf eng begrenztem Raume tot auffindet. Stammen die Tiere von einer Art, so kommen auch akute Seuchen in Betracht. Sind aber mehrere Tierarten gleichzeitig an den Verlusten beteiligt, dann ist der Vergiftungsverdacht sehr begründet. In solchen Fällen sollten sofort einige Kadaver verschiedener Tierarten einer tierärztlichen Untersuchungsanstalt eingesandt werden. In der Umgebung des Fundortes muß unbedingt nach der Giftquelle gesucht werden. Die häufigsten Vergiftungen bei Wild kommen durch unsachgemäße Ausbringung von Pestiziden zustande. Mäusegift, Pflanzenschutzmittel, Insektenvertilgungsmittel, Blei und bleihaltige Farben sowie Beizmittel sind die häufigsten Gefahrenquellen. Aber auch verdorbene Futtermittel kommen in Betracht.

Im Bereich von Tontaubenständen und seichten Gewässern kommt es zu Bleivergiftungen speziell bei Vögeln wegen der Mahltätigkeit des Muskelmagens. Schwarzwild ist kochsalzempfindlich (Vorsicht mit Salzlecken). Eibennadeln werden gerne von Hühnervögeln aufgenommen. Sie sind giftig. Weizen und Mais in größeren Mengen sind für Wiederkäuer tödlich.

Über die vorgefundenen Anhaltspunkte sollte man der Untersuchungsstelle Mitteilung machen, denn das kann zu einer wesentlichen Erleichterung der Diagnosestellung und zur Verbilligung der chemischen Untersuchungen führen.

Letzte Sicherheit der Diagnose Vergiftung kann nur eine chemische Organ-Untersuchung bringen. Leider sind sie recht kostspielig (200 bis 350 DM). Deshalb müssen zuerst durch parasitologische, bakteriologische und virologische Untersuchungen solche Erkrankungen ausgeschlossen werden. Ist dies geschehen und hat sich ein Vergiftungsverdacht bestätigt, so sollten die Institute Proben für 14 Tage tiefgefroren aufbewahren und bei den Einsendern anfragen, ob diese einen chemischen Giftnachweis auf ihre Kosten wünschen. Die Kosten für eine chemische Untersuchung auf Giftstoffe lassen sich oft dadurch erheblich vermindern, daß vom Einsender Hinweise auf ganz bestimmte Giftstoffe geliefert werden können. Leider dauern die Untersuchungen oft Monate, so daß sie dann nicht mehr auswertbar sind.

Bei der Sektion müssen Kropf-, Magen- und Darminhalt sorgfältig auf verdächtige Bestandteile betrachtet und berochen werden. Gerade der Geruch gibt manchmal recht gute Hinweise auf die Giftstoffart. Vergiftungen können akut verlaufen oder auch chronisch sein. Es kommt dabei ganz entscheidend auf die Dosierung der Giftstoffe an. Akute Vergiftungen werden leichter erkannt, weil sie plötzlich größere Verluste an Tieren erbringen. Dagegen wirken sich chronische Vergiftungen bisweilen nur durch eine Schwächung der Abwehrkraft der Tiere aus, die dann Parasiten und Bakterien zum Überhandnehmen verhelfen. Diese Arten von Vergiftungen, vor allem durch Abwässer und Industrieabgase, sind schwer erkennbar und nur durch chemische Organuntersuchungen nachweisbar.

Eine amtliche Fleischbeschau bei Vergiftungsfällen oder Verdacht auf Vergiftung ist erforderlich.

Geschwülste

Geschwülste kommen fast in allen Körpergewebearten vor. Sie stellen ein abnorm starkes und ungehemmt wachsendes Zellmaterial dar, das durch Veränderung seiner Erbmasse nicht mehr den Gegebenheiten und Notwendigkeiten des Körpers angepaßt ist. Die veränderten Zellen wachsen ohne Steuerung und durchwuchern und zerstören oder verdrängen das sie umgebende Gewebe. Durchwuchert und zerstört eine Geschwulst (Tumor) das umgebende Gewebe, so spricht man von bösartigen Tumoren. Verdrängen die Tumore das sie umgebende Gewebe nur, so bezeichnet man das als gutartig.

Bösartige Geschwülste nennt man Sarkome, wenn sie vom Bindegewebe ausgehen, und Karzinome, wenn sie vom Deckgewebe ausgehen. Um die bösartigen Geschwülste genauer bezeichnen zu können, setzt man noch die Gewebeart dazu. Deshalb nennt man z. B. eine bösartige Geschwulst, die vom Lymphsystem ausgeht, ein Lymphosarkom.

Gutartige Geschwülste werden in lateinischer Sprache nach ihrer Gewebeart mit der Endung om klassifiziert.
Bei den Wildtieren spielen Geschwülste keine große Rolle. Am häufigsten sind Lymphosarkome, die dadurch auffallen, daß sämtliche Lymphknoten und die Milz ganz ungewöhnlich stark vergrößert sind und daß das Lymphgewebe infiltrativ in das Nachbargewebe hineinwuchert.

An zweiter Stelle stehen die Gallengangskarzinome, die vor allem in der Leber, der Lunge und den Nieren große speckige Knoten setzen, die dann in der Lunge und den Nieren Tochtergeschwülste oder Metastasen darstellen. Tochtergeschwülste entstehen dadurch, daß der Tumor in die Blutbahn einbricht, und daß Tumorzellen mit dem Blut in alle Organe eingeschwemmt werden können. So kann z. B. eine Gallengangs-Karzinommetastase in der Niere, aber auch in jedem anderen Organ entstehen, wenn in den Gallengängen ein Karzinom sitzt.

Die Vielfalt der Möglichkeiten von Geschwulstbildungen ist so groß, daß an dieser Stelle nicht näher darauf eingegangen werden kann. Einige Geschwülste hat man bereits als virusbedingt erkannt. Bei vielen Arten kennt man die Entstehungsursache nicht.

Nur bei Einzelgeschwülsten, die gut abgegrenzt und klein sind, kann nach Entfernung des Tumors eine amtliche Fleischbeschau unterbleiben. Alle anderen Fälle sind fleischbeschaupflichtig.

Verletzungen

Äußere Gewalteinwirkungen, Verätzungen, Verbrennungen oder Erfrierungen führen zu Verletzungen von Geweben. Dabei kommt den Gewalteinwirkungen in Form von Verkehrsunfällen, Schußwunden, Schnittwunden durch Mähmaschinen oder Quetschungen durch landwirtschaftliche Maschinen eine ziemlich große Bedeutung zu. Man kann auch unterscheiden, ob eine Verletzung frisch oder ob sie älter ist. Das richtet sich nach dem Grad der Gewebereparation. Frische Wunden und deren Wundränder zeigen – je nachdem wie schwer sie sind – Blutungen im Wundgebiet. Bei der Wundheilung kommt es zur Blutgerinnung und damit zum blutigen Verkrusten und später zum Verschorfen und zuletzt zur Narbenbildung. Schnittwunden heilen schneller als Quetschwunden. Bei Täuschungsversuchen läßt sich eine im Leben entstandene Wunde von einer nach dem Tode gesetzten Verletzung dadurch unterscheiden, daß es im ersten Falle zu Blutungen im Wundbereich und in dessen Umgebung kommt. Im zweiten Falle fehlen diese Blutungen, weil das Herz kein Blut mehr in das verletzte Gewebe gepumpt hat. Bei postmortal angebrachten Schüssen findet sich kreisrund um die Schußwunde eine feine hellrote Färbung, die nicht mit einer echten dunkelroten Blutung verwechselt werden darf. Vielmehr handelt es sich dabei um durch die Geschoßwucht in das direkt dem Schußkanal benachbarte Gewebe gepreßte feinstverteilte Blutpartikel (s. Bild 28). Bei Knochenbrüchen kommt es sehr darauf an, ob der Bruch offen in der Wunde liegt oder ob die Bruchstelle von Haut oder Muskulatur überdeckt bleibt. Bei Brüchen der Hinter- oder Vordergliedmaßen tritt meist eine Verkürzung des betroffenen Laufes ein (Bild 18), weil der Muskelzug die Bruchenden aneinander vorbeigezogen hat. Später heilen die Knochenenden seitlich aneinander. Eine Verknöcherung unkomplizierter Brüche bis zur vollen Belastbarkeit dauert erfahrungsgemäß etwa 6 Wochen. Dabei beginnt die Verknöcherung oder Verknorpelung nach Abräumen von Wundsekret und zerstörtem Gewebe durch Einwandern von Knochenbildungszellen in das Bruchgebiet bereits sehr bald nach dem Knochenbruch.

Komplizierte Splitterbrüche oder offene infizierte Brüche können bis zur Heilung und Verknöcherung mehrere Monate benötigen, denn in diesen Fällen hängt die Heilungsdauer vom Zerstörungsgrad und den in das Bruchgebiet eingedrungenen Bakterien ab. In Schußwunden werden die getroffenen Knochen meist so stark und so fein zersplittert wie es andere Gewalteinwirkungen nicht zustande bringen können. Der Nachweis von Schußwunden gelingt in der Regel durch Röntgenaufnahmen, auf denen sich Geschoßsplitter erkennen lassen. Bevorzugter Sitz von Schußwunden bei Schalenwild ist der Ellbogenbereich und bei Schwarzwild zusätzlich der Unterkiefer.

Eine Fleischbeschau wird erforderlich, wenn die Verletzungen nicht ganz frisch sind. Nachsuchenstücke, Verkehrsunfälle bei Schalenwild und nicht ganz frische Knochenbrüche erfordern eine amtliche Fleischbeschau.

Mißbildungen

Mißbildungen entstehen bei Tieren während des embryonalen Ausreifens der Feten in der Tracht des Muttertieres. Mißgebildete Organe, die durch Mangelerscheinungen oder Verletzungen erst nach der Geburt zustande kommen, werden nicht zu den Mißbildungen gerechnet.

Fehlerhaftes Erbgut, Vitamin-, Mineral- und Eiweißmangel des Muttertieres oder des Fetus während der Trächtigkeit sowie Chemikalieneinflüsse auf den Embryo können zu Fehlbildungen von fast allen Organen beitragen. An Einzelfällen festzustellen, wie so etwas zustande kommt, ist sehr schwer möglich. Durch Fütterungsversuche mit Mangeldiäten an A-, E- und B-Vitaminen sowie den Mineralien Eisen, Kalzium und Phosphor gelingt es, die Embryonalentwicklung so weit zu verhindern, daß keine Jungtiere mehr geboren werden oder aber ganz bestimmte Mißbildungen gehäuft auftreten. So bewirkt z. B. Vitamin-A-Mangel Wachstumsverzögerungen, Augenschäden und Wasserkopfbildungen. Vit.-B-Mangel kann sogenannten Monstren, d. h., weitgehend falsch organisierte Lebewesen, oder Kiefer- und Augenanomalien hervorrufen. Dabei entstehen gleichartige Mißbildungen in engumschriebenen Entwicklungsstadien. Dies setzt einen ganz bestimmten Entwicklungsfahrplan für die Embryonen voraus. Die häufigsten Mißbildungen bei Wildtieren sind Doppelbildungen; sie können alle Organe betreffen. Überwiegend konnten Doppelbildungen an den Zähnen und Vorder- und Hintergliedmaßen beobachtet werden. Solche Doppelbildungen gelangen bei eineiigen Zwillingen zu ihrer Vollendung. Es kommen aber auch unvollständige Doppelbildungen vor, bei denen alle Organe doppelt angelegt sind, aber nur ein Kopf vorhanden ist. Ober- und Unterkieferverkürzungen gehören auch zu den häufigeren Mißbildungen. Zwergwuchs, Stummelschwänzigkeit oder Kieferspalten sind seltener. Das Fehlen von Zahnanlagen in Form des Fehlens des ersten Prämolaren kommt ganz besonders häufig beim Schwarzwild vor. Das ist entwicklungsgeschichtlich erklärbar und betrifft nicht mehr notwendige Zähne. Die stammesgeschichtliche Entwicklung vom fünfzehigen Fuß bis zum einzehigen ist eine Veränderung des Bauplanes von Tieren. Sie entsteht durch das Zusammenwirken einer Vielzahl der im Erbgut vorhandenen Entwicklungsmöglichkeiten und der Auslese in bezug auf Lebenstüchtigkeit im Laufe von Jahrtausenden. Als Mißbildungen werden auch solche Abweichungen vom normalen Bauplan angesehen, wenn sie stammesgeschichtlich einen Rückschritt oder einen Vorgriff auf frühere oder kommende Formen darstellen.

Einige Mißbildungen treten bei verschiedenen Tierarten öfter in Kombination auf. Dies trifft zum Teil für Dackelbeinigkeit und Mopsköpfigkeit zu, die bei Reh (s. Abb. 20), Schaf und Hund nachgewiesen wurde.

Beim Rotwild konnte anhand von Zuchtversuchen bewiesen werden, daß Kleinäugigkeit (Mikrophthalmie) eine rezessiv vererbbare Mißbildung ist. Farbabweichungen in Form von weißen oder schwarzen Tieren sind bei zahlreichen Arten bekannt. Schwarze Kaninchen, Hasen, Rehe, schwarzes Damwild sind keine Seltenheit. Bei Albinos fehlt das gesamte Pigment, so daß die betroffenen Tiere auch eine blutrote Iris im Auge aufweisen. In meinem Untersuchungsmaterial waren auch ein Hase und eine Krähe, denen lediglich das schwarze Pigment in den Haaren bzw. Federn fehlte. Das braune Pigment war aber vorhanden. Darum sahen diese Tiere hellbraun aus. Ein weiterer Ort häufigerer Mißbildungen sind die Geschlechtsorgane. Hier gibt es praktisch alle Kombinationsmöglichkeiten von weiblichen und männlichen Geschlechtsorganen. Das geht von doppelseitigen Zwittern, d. h. beide Hoden und Eierstöcke sind angelegt, über einseitige Zwitter, der Kombination Hoden in der Bauchhöhle, dazu weibliche Geschlechtsorgane mit Eileiter, Tracht und Schürze, bis lediglich zur Ausbildung sekundärer männlicher Geschlechtsmerkmale zu weiblichen Geschlechtsorganen. All diese Stufen sind z. B. beim

Reh nachgewiesen worden. Das jeweilige Geschlecht des Tieres wird allein durch die Keimdrüsen, die Hoden oder Eierstöcke bestimmt.

Mißbildungen kleinen Ausmaßes, die gut gegen das normale Gewebe abgesetzt sind, können entfernt werden und bedingen dann keine amtliche Fleischbeschau.

Schalenauswachsen beim Schalenwild

Bei allen Schalenwildarten kommen Fälle von Schalenauswachsen vor, die ihrer Entstehung nach ganz unterschiedlich sind. Die einzelnen Tierarten sind auch in ganz verschiedener Weise vom Schalenauswachsen betroffen. Während die Hirschartigen und das Schwarzwild nur nach Krankheiten, Schalenverletzungen und in seltenen Fällen nach ungeklärter Ursache Verlängerungen der Schalen zeigen, leidet das Muffelwild ganz außerordentlich unter Schalenauswachsen und -abbrechen.

Beim Muffelwild konnte bewiesen werden, daß ungeeignete, zu weiche und nasse Bodenverhältnisse Ursachen für das Schalenauswachsen sind. Bringt man so erkrankte Muffel auf trockenen, steinigen Boden, nachdem man ihnen vorher die Schalen geschnitten hat, so unterbleibt das Schalenauswachsen. Das Krankheitsbild ist sehr eindeutig. Oft gehen die Tiere lahm, die Schalen sind verlängert, abgebrochen und zeigen eine Art Tütenbildung unter der Sohle. Die Hornschuhe sind meist geöffnet und Fäulniskeime dringen in die Bruchstelle ein und zersetzen die Schalenlederhaut, den Schalenbeinknochen und lösen auf diese Weise das Schalenwandhorn von der Lederhaut ab. Das führt unweigerlich zu schweren irreparablen Schäden. Der Zwischenschalenspalt bleibt fast immer trocken im Unterschied zur Moderhinke der Schafe, bei der ein übel stinkender Fäulnisprozeß vom Zwischenklauenspalt ausgeht. Eine Heilung des Schalenauswachsens ist dadurch zu erzielen, daß man die Tiere fängt und alles faule und von der Lederhaut abgelöste Schalenwandhorn wegschneidet. Häufig ist das eine etwas blutige Angelegenheit, aber die einzige Rettung für die betroffenen Tiere. Eine scharfe Gartenschere stellt für das Schneiden sehr geeignetes Werkzeug dar. Bei dieser Gelegenheit kann man die Tiere gleich einer Magenwurmbehandlung unterziehen. Niemals sollte Muffelwild auf nassen und feuchten Böden gehalten werden, weil die Tiere zu sehr unter Schalenauswachsen leiden.

Verletzungen an den Schalen führen zu verschiedenartigen Veränderungen. Schalenwachstumstörungen mit Rinnenbildung um den ganzen Hornschuh zeigen den Zeitpunkt der Verletzung an.

Im Laufe etwa eines Jahres wächst eine solche Rinne vom Hornbildungssaum (obere Hornschuhkante) bis an die Spitze herunter, d. h., der Hornschuh wächst wie der Fingernnagel beim Menschen von oben her nach. Wird bei Verletzungen das Schalenbein deformiert, so zieht dies verkrüppelte, aufgerollte oder schiefstehende Schalen nach sich, denn das Schalenbein ist richtungsweisend für das Hornschuhwachstum.

An den Schalen entstehen auch Rinnen, wenn die Wildtiere an irgendwelchen schweren Krankheiten leiden und dadurch Stoffwechselstörungen auftreten. Man kann daran ablesen, wann die Tiere krank waren.

Das Auswachsen aller Schalen und Oberrücken wird ab und an bei Rehwild beobachtet. Dabei sind Schalen und Oberrücken in gleicher Weise stark verlängert, aber die Hornschuhe zeigen keine weiteren Veränderungen. Diese Fälle treten vereinzelt in allen Altersklassen auf. Ihre Ursache ist unbekannt.

Einsendung von Untersuchungsmaterial

Für die Diagnosestellung von Wildkrankheiten ist es erforderlich, geeignetes und vor allem frisches Untersuchungsmaterial in die Hände von Fachleuten zu bringen. Diese haben überwiegend ihren Arbeitsplatz an Instituten, den Tierärztlichen Hochschulen, den staatlichen Veterinäruntersuchungsämtern oder in jagdkundlichen Instituten. Nicht jede dieser Untersuchungsstellen hat für die Wildkrankheitsdiagnostik einen Spezialisten.

Als Untersuchungsmaterial kommen Fallwild, erlegtes krankes Wild, Einzelorgane und Losungsproben in Betracht. Beim Einsenden von Einzelorganen oder Losungsproben muß man berücksichtigen, daß dem Untersuchungsinstitut eben nur ein sehr geringes Material für die Diagnosestellung zur Verfügung steht. Dementsprechend haben die Ergebnisse engbegrenzten Aussagewert. Dies trifft ganz besonders für Losungsproben zu, deren Untersuchungsergebnisse auch schon bei gut ausgewähltem und frischem Untersuchungsmaterial keine sicheren Resultate über den wahren Parasitenbefall erbringen. Deshalb sollte man lieber ganze Tierkörper zur Untersuchung einsenden. Läßt sich dies nicht machen, so sind Untersuchungen von ganzen Aufbrüchen besser als die von Losung, weil man so pathologische Befunde auch der Organe erheben kann. Ein Parasitenbefall allein, ohne pathologische Veränderungen, kann für ein Tier unbedeutend sein. Haben die Parasiten aber krankhafte Veränderungen hervorgerufen, so ist dies von Wichtigkeit.

Für Untersuchungsmaterial von Wild gelten folgende Regeln:

1. Am besten bringt man das Material gut ausgekühlt, nicht gefroren, persönlich zum Institut.
2. Bei Versand von Fallwild sollte man immer den schnellsten Beförderungsweg wählen. Das ist meist Bahnexpreß. In der

heißen Jahreszeit sind die Nachtstunden für den Transport zu bevorzugen. Auf dem Expreßgutkollo sind folgende Vermerke anzubringen:

a) Expreßgutkarte: Anlage C zur EVO Klasse VI RL 601 Ziffer 10 C Bestimmung und Verpackung entsprechen der Anlage C zur EVO.

b) Auf das Paket ist ein Zettel mit folgendem rotunterstrichenem Text aufzukleben: Auf den Güterböden getrennt von Nahrungs- und Genußmitteln lagern und mit solchen nicht in denselben Wagen laden.

Jeder Fallwildsendung muß, gut getrennt vom Untersuchungsmaterial, ein Anschreiben beigefügt werden, in dem der Absender (Anschrift) und die Wünsche des Einsenders in bezug auf die erbetenen Untersuchungen vermerkt sind. Das Anschreiben sollte niemals gesondert per Post versandt werden, weil es dann meist zu spät eintrifft. Teile des Untersuchungsmaterials werden von den Untersuchungsanstalten im allgemeinen nicht zurückgegeben, um Seuchenverbreitung zu vermeiden. Liegt Verdacht auf eine anzeigepflichtige Seuche vor (z. B. Tollwut, Schweinepest, Geflügelpest), so muß auf alle Fälle der zuständige Amtstierarzt verständigt werden. Das ist sehr wichtig, wird aber leider häufig versäumt und führt dann zu Unannehmlichkeiten, weil bereits der Verdacht einer Seuche der Anzeigepflicht (§ 9 Tierseuchengesetz) unterliegt.

Bei Tollwutverdacht ist für die Materialeinsendung, bei großen Tieren der Kopf und bei kleinen Tieren der ganze Tierkörper, ausschließlich der Amtstierarzt zuständig. Die Untersuchungen auf Tollwut dürfen nur in den zuständigen staatlichen Veterinäruntersuchungsämtern erfolgen. Wird dieser Weg eingehalten, so gehen die Untersuchungen auf anzeigepflichtige Seuchen zu Lasten der Staatskasse. Diese Seuchen sind in § 10 Tierseuchengesetz genannt.

Bei nicht anzeigepflichtigen Krankheiten können die Tiere an eine Untersuchungsanstalt nach freier Wahl zur Diagnosestellung gesandt werden. In einigen Bundesländern haben die Institute und die Landesjagdverbände Abmachungen darüber getroffen, daß die Jagdverbände die Kosten für die Untersuchungen tragen. Die Verpackung von Untersuchungsmaterial sollte nur in gut ausgekühltem Zustand (+4° C) erfolgen. Noch warme Organe faulen in luftdichten Gefäßen innerhalb weniger Stunden so stark, daß sie als Untersuchungsmaterial nicht mehr brauchbar sein können. Als erste Hülle ist Zeitungspapier die beste Verpackung. Es kann die vom Tierkörper abtropfende Flüssigkeit aufsaugen. Dann sollte ein Plastikbeutel als weitere Verpackung dienen. Dieser wird wieder mit Zeitungspapier umhüllt und in einen festen Karton gepackt. Oben im Paket sollte das Anschreiben liegen. Die Verpackung muß gegen Flüssigkeitsabfluß sicher sein, vor allem aber für den Transport stabil genug. Nur für ganz bestimmte Untersuchungen, zum Beispiel mikroskopische Gewebeuntersuchungen, legt man kleine Organteile in 4%iges Formalin, läßt das Material einige Tage gut durchhärten und verschickt es dann in dichten Plastikgefäßen. Vorsicht ist bei Glasbehältern geboten, weil diese leicht zu Bruch gehen und das Formalin dann durch die Verpackung dringt und einen beißenden Geruch verbreitet. Brennspiritus ist ebenfalls zur Organfixierung geeignet. Losungsproben müssen ganz frisch sein. Wenn man sie findet, sollten sie noch warm sein. Bereits wenige Stunden alte Losung enthält bestimmte Parasitenlarven nicht mehr, weil sie aus der Losung auswandern.

Gesetzliche Grundlagen für die Wildseuchenbekämpfung und die Fleischbeschau

Das Tierseuchengesetz in der Fassung vom 23. 3. 1977 (BGBl. I., S. 313) ist für die Tierseuchenbekämpfung bei Haus- und Wildtieren als Gesetzesgrundlage gültig. Daneben schreibt der § 24 des Bundesjagdgesetzes vom 1. 4. 1977 (BGBl. I S. 2849) die Anzeigepflicht von Wildseuchen vor, ohne jedoch zu definieren, was eine Wildseuche ist. Das Tierseuchengesetz ist in seiner derzeitigen Fassung stark auf Haustierseuchen und deren Bekämpfung ausgerichtet. Bei Wildtieren muß es sehr viel weitreichendere Eingriffsmöglichkeiten des Staates für größere Bezirke geben. Es müssen ganze Tierarten ohne Rücksicht darauf, ob der jeweilige engbegrenzte Tierbestand erkrankt oder seuchenverdächtig ist, erfaßbar werden, wie dies durch den § 24 (2) TG ermöglicht worden ist. Es darf dadurch aber keine Tierartausrottung eintreten und es darf keine andere Seuchenbekämpfungsmöglichkeit geben.

Für Wildtiere sind folgende §§ des Tierseuchengesetzes besonders wichtig:

§ 1 (1) Gültigkeit Anwendungsbereich.

§ 1 (4) Begriffsdefinition verdächtiger Tiere.

§ 9 Anzeigeverpflichtung für anzeigepflichtige Seuchen bei Nachweis und Verdacht auf eine Seuche.

§ 10 Katalog der anzeigepflichtigen Seuchen (für Wild wichtig: Tollwut, beide Schweinepestarten, Newcastle-Krankheit; weniger wichtig: Aujeszkysche Krankheit, Milzbrand, Maul- und Klauenseuche, Geflügelcholera, Geflügelpest, Pokkenseuche der Schafe, Räude der Schafe, Psittakose).

§ 10 (2) Ermächtigung des Bundesministers für Ernährung, Landwirtschaft und Forsten, den Katalog der anzeigepflichtigen Seuchen zu erweitern oder einzuschränken.

§ 11 Feststellung einer Seuche durch den Amtstierarzt, Fernhaltepflicht des Tierbesitzers von kranken und verdächtigen Tieren zwecks Vermeidung von Ansteckung weiterer Tiere.

§ 24 Töten erkrankter u. verdächtiger Tiere u. von Wildtieren.

§ 26 Zum Schutze vor Seuchenausbreitung unschädliche Beseitigung von Tierkörpern, deren Teilen oder Abfällen.

§§ 36–41 Spezielle Vorschriften für die Tollwutbekämpfung.

§ 68 (1) Nr. 8 Versagung einer Entschädigung für Wild bei Verlusten durch Seuchen oder veterinär-polizeil. Eingriffen.

§ 79 Ermächtigung des Bundesministers für Ernährung, Landwirtschaft und Forsten zum Erlaß von Verordnungen zum Schutz gegen ständige und besondere Seuchengefährdung, z. B. Tollwut, Schweinepest usw.

VO – zur Änderung der Ausführungsvorschriften des Bundesrates zum Tierseuchengesetz v. 30. 11. 1967 (BGBl. I. S. 1177), wichtig für Schweinepest.

VO – zum Schutz gegen die Aujeszkysche Krankheit v. 30. 4. 1980 (BGBl I. S. 488).

VO – zum Schutz gegen die Tollwut v. 11. 3. 1977 (BGBl. I S. 444).

VO – über Sperrbezirke bei Maul- und Klauenseuche und Schweinepest v. 10. 6. 1972 (BGBl. I S. 886).

VO – zum Schutz gegen die Schweinepest v. 12. 11. 1975 (BGBl. I. S. 2852).

VO – zum Schutz gegen die Geflügelpest und die Newcastle-Krankheit v. 19. 12. 1975 (BGBl. I. S. 2509).

VO – zur Änderung der GeflügelpestVO v. 26. 6. 1975 (BGBl. I. S. 1759).

VO – zum Schutz gegen die Brucellose v. 22. 11. 1979 (BGBl. I. S. 1949).

Tierkörperbeseitigungsgesetz v. 2. 9. 1975 (BGBl. I. S. 2313).

Tierschutzgesetz v. 24. 7. 1974 (BGBl. I. Nr. 74/72).

Anlage C zur Eisenbahnverkehrsordnung v. 6. 3. 1967 (BGBl. II. S. 941) u. a. Versendung von Fallwild.

Ausführungsbestimmungen A zum Fleischbeschaugesetz ab § 37 für Trichinenschau bei Fleisch- und Allesfressern.

Bundesjagdgesetz § 24 regelt die Anzeigepflicht bei Wildseuchen. – Ausführungsbestimmungen dazu fehlen.

§ 8 des Lebensmittelgesetzes ist wichtig. Durch ihn wird verboten, Lebensmittel (Wildbret) in den Verkehr zu bringen, dessen Verzehr geeignet ist, die Gesundheit des Menschen zu schädigen (BGBl. I. S. 1945/1974).

Fleischbeschaugesetz v. 10. 5. 1980 (BGBl. I. S. 545).

Ausführungsbestimmungen A zum Fleischbeschaugesetz v. 10. 12. 1979 (BGBl. I. S. 2026).

Fleischbeschau bei Haarwild

Haarwild unterliegt grundsätzlich der Fleischbeschau. Die Verfahrensweise ist in der folgenden Tabelle dargestellt. Zuständig für die Fleischbeschau bei erlegtem Wild (nur nach jagdrechtlichen Bestimmungen) ist der amtlich für den Erlegungsort bestellte Fleischbeschauer. Dies wird meist ein Tierarzt sein. In Ausnahmefällen, die aber die Regel sein werden, kann der Jäger

Tabelle 1: Fleischbeschau bei Haarwild

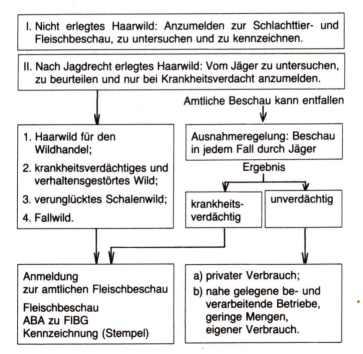

eine verkürzte Fleischbeschau vornehmen und das Wildbret als tauglich ohne Stempelung für den privaten Verbrauch (s. Tabelle) abgeben, wenn keine bedenklichen Krankheitsmerkmale beim erlegten Stück gefunden werden. Die wichtigsten bedenklichen Merkmale sind in der Tabelle 2 aufgezählt. Werden solche Krankheitsmerkmale gefunden, so muß eine amtliche Fleischbeschau durchgeführt werden.

Bei Haarwild aus Kleingattern und aus Farmen muß die volle Fleischbeschau in Form von Lebendbeschau und der Fleischbeschau durchgeführt werden.

Das gleiche gilt für alles Haarwild, das an den Wildhandel abgegeben werden soll.

Bei allen Fleisch- und Allesfressern (z. B. Schwarzwild und Dachs) kommt dazu noch die Trichinenschau. Fällt solches Haarwild unter die Ausnahmeregelung bei der Fleischbeschau, so muß dennoch die Trichinenschau erfolgen.

Tabelle 2: Aus dem Fleischbeschaurecht abgeleitete wichtige bedenkliche Merkmale bei Fleischbeschau

Abnormes Verhalten, Störungen des Allgemeinbefindens, Abmagerung, Schwäche, Durchfall, Störung bei der Geburt; Lähmungen, Verletzungen, Schwellung der Hoden, Gelenke, Leber und Milz; zahlreiche kleine Abzesse in Leber oder Milz; erhebliche Gasbildung im Magen und Darm mit Verfärbung der inneren Organe; zahlreiche Geschwülste, Verklebungen von Organen mit Brust- oder Bauchfell, sofern diese nicht fest und trocken sind; starke Abmagerung und Muskelschwund; erhebliche Abweichung in Farbe, Konsistenz oder Geruch außer artspezifischer Geschlechtsgeruch; offene Knochenbrüche, die nicht ganz frisch sind.

Dazu müßte man außerdem rechnen:
Schußverletzungen ohne schnelles Auffinden, Straßenverkehrsunfälle bei Schalenwild, Fallwild.

Bilderteil

Pseudotuberkulose Hase
subakute Form

Bild 1

Herz sehr schlaff, Blutgefäße am Herzen gestaut. Lunge starke Stauung mit schwarzrotem verbrauchtem Blut zeigt einen Herzschwächetod durch Konzentration des Blutes im kleinen Kreislauf an. Der Magen-Darm-Kanal ist auffallend hell, weil er vom Blut evakuiert ist. Das gehört ebenfalls zum Bild einer Herzschwäche. Die Leber ist leicht vergrößert. Der Magen wird von vorn weitgehend durch die Leber und von hinten durch die sehr stark vergrößerte Milz verdeckt. Die Milz ist etwa auf das 15fache der Norm vergrößert. Eine vergrößerte Milz ist im allgemeinen ein Anzeichen für eine bakterielle Infektion — hier Pseudotuberkulose, die für den Menschen ansteckend sein kann. Der Darmkanal und die Nieren bieten außer der Blutarmut keine Besonderheiten. Am Beckeneingang erkennt man die beiden Hoden.

Hase mit Magenwurm- und Lungenwurm-Befall

Bild 2

Die Verteilung des Blutes ist umgekehrt wie bei dem Hasen-Bild Nr. 1. Die Lunge ist sehr blutarm. Das wenige vorhandene Blut sitzt am Entzündungsort, dem Dünndarm, daher ist in diesem Fall der Darm dunkel gefärbt. Die Milz ist in Größe, Farbe und Konsistenz normal, sie liegt oben hinter dem Magen. Am hinteren Rand der Lunge finden sich große bräunliche Knoten. Hier haben die Lungenwurmweibchen Tausende von Eiern abgelegt und dadurch die sogenannten Lungenwurmbrutknoten hervorgerufen. Es handelt sich dabei um chronische Lungenentzündungsherde. Rechts unterhalb der Niere ist der Dünndarm rötlichglasig verfärbt. Dort haben die Magenwürmer zu einer chronischen Darmentzündung Anlaß gegeben.

Bei dem Hasen wurden in einem Abstrich von 3 cm Dünndarminhalt 123 kleine Magenwürmer gefunden. Blutarmut und chronische Darmentzündung sind die Charakteristika von Magenwurmbefall.

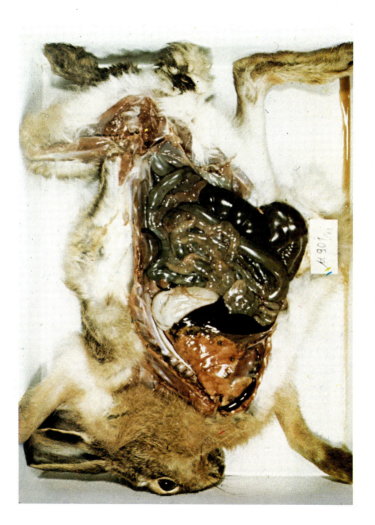

Subakut verlaufende Pseudotuberkulose beim Hasen

Bild 3

Links im Bild erscheint der hintere Rand der sehr blutarmen Lunge. Dahinter liegt die mit massenhaft feinsten gelben Herden durchsetzte Leber. Dies ist charakteristisch für eine Pseudotuberkulose, die vom Darm ausgeht. Rechts oben hinter der Leber der Magen und dahinter die vergrößerte Milz. Die Milz erscheint blaurosa. Das ist ein Zeichen dafür, daß der „Blutspeicher Milz" von Blut weitgehend entleert ist. Etwas rechts neben der Mitte des Bildes sieht man auf dem Dünndarm einen vereiterten Coccidioseherd. Schräg rechts darunter scheint durch das Aufhängeband des Dickdarmes die Dünndarm-Dickdarm-Klappe in der auch feine gelbe Pseudotuberkuloseherde erkennbar sind. Unten rechts in der Ecke ist das graugrün gefärbte große Organ der Dickdarm. Die Blutgefäße des Darmes sind leicht gestaut.

Coccidiose Junghase, Übersichtsbild

Bild 4

Blutgehalt der Lunge normal = dunkelrote Färbung. Das Bild zeigt mit Ausnahme des Dünndarmes etwa die normale Farbe, Größe und Konsistenz aller Organe. Der Blutgehalt der Organe entspricht ebenfalls der Norm. Einen Ausschnitt dieses Bildes im Bereich des Dünndarmes gibt Abb. 5 wieder. Die Blase ist stark gefüllt.

Coccidiose des Hasen

Bild 5

Links im Bilde hintere Teile der Leber und der Magen. Links oben hinter dem Magen normale Milz. Oben Mitte Niere halb zu sehen. Oben rechts Weiddarm mit Losungskugeln. Im übrigen Bild Dünndarm mit gestauten Blutgefäßen. Durch die Darmwand scheinen überall kleinflächenhafte weißliche Herde hindurch. Dies sind von Coccidien verursachte Darmschleimhautdefekte. Der Darminhalt besteht aus grau-schleimigen Massen. Der Dünndarm zeigt eine hochgradige akute katarrhalische Entzündung. Unter dem Dünndarm liegt der dunkelgrüne Dickdarm.

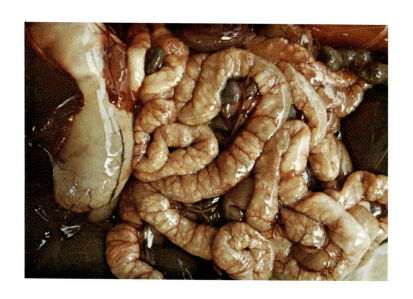

Hase mit Schrotschußverletzung in der Lunge

Bild 6

Die Lunge ist sehr blutarm, weil der Hase starken Magenwurmbefall zeigte. Außerdem ist in der Lungenmitte ein großer Eiterherd sichtbar. Die vorderen Lungenspitzenlappen links vor dem Eiterherd sind chronisch entzündet. Diese Lungenteile gehen unter, wenn man sie ins Wasser wirft. Der große Eiterknoten ist eine alte Schrotschußverletzung. Von dort aus kam es auf dem Blutwege zur bakteriellen Streuung von Eitererregern (Staphylococcen), und damit zu vielen kleinen gelben Abszessen in der Leber. Die Milz hinter dem Magen ist erheblich vergrößert. Solche Verletzungsfolgen können sehr leicht nach Weitschüssen mit Schrot entstehen.

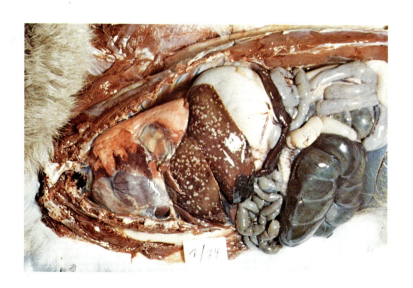

Rehlunge mit Befall kleiner Lungenwürmer

Bild 7

Vorweg muß zu diesem Bild gesagt werden, daß die Lunge wegen des Magenwurmbefalles sehr blutarm ist. In den drei Lungenspitzenlappen sind keine Lungenwurmbrutknoten erkennbar. Das ist die Regel. Dagegen erkennt man im Hauptlappen mehrere braungraue Lungenwurmbrutknoten, die besonders in den hinteren Spitzen der Hauptlappen lokalisiert sind. Lungenwurmbrutknoten sind bei Rehen sehr häufig.

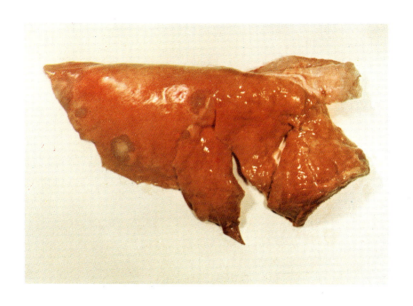

Bandwurmfinnen im Muskelfleisch eines Rehbockes

Bild 8

Das Bild zeigt eine 8 cm lange Muskelprobe mit zahlreichen Hunde-Bandwurmfinnen (Cysticercus cervi). Das Reh ist also Zwischenwirt für den Hundebandwurm. Bandwurmfinnen zeichnen sich dadurch aus, daß in einer Bindegewebsblase mit wäßrigem Inhalt ein kleiner weißer Bandwurmkopf zu erkennen ist. Es gibt verschiedene Bandwurmfinnen, die sich durch verschiedenen Sitz im Zwischenwirt und durch unterschiedliche Größe auszeichnen. Bei allen finden sich die weißen Bandwurmkopfanlagen in einer Flüssigkeit enthaltenden Blase.

Ecchinococcus-Bandwurmfinne in einer Rehleber

Bild 9

Das Bild zeigt einen Teil einer Rehleber, in der eine hühnereigroße Blase unter der Oberfläche vorhanden war. Die obere Hälfte der Blasenwand wurde abgetrennt, damit man die Innenwand der Bandwurmfinne übersehen kann. Die Ecchinococcus-Finne zeichnet sich dadurch aus, daß aus ihrer Wand Tausende von Bandwurmköpfen herauswachsen. Auf dem Bild erkennt man diese Kopfanlagen als feine weiße Punkte. Frißt ein Hund oder Fuchs eine solche Finne, so wird durch sie eine Infektion mit massenhaft Bandwürmern vermittelt. Diese Bandwürmer sind sehr klein.

Rehbockkopf-Querschnitt mit Rachenbremsenlarven

Bild 10

Im Nasenrachenraum sind zahlreiche graue Rachenbremsenlarven erkennbar. Dahinter erscheint die vergrößerte Rachenmandel. Die Rachenbremsenlarven sind noch so unreif, daß sie nicht zur Verpuppung gelangen können. Erst dunkelbraune, ziemlich unbewegliche Rachenbremsenlarven können sich in der Rachenschleimhaut nicht mehr festhalten, sie werden ausgehustet und sind verpuppungsreif.

Rachenbremse des Rehwildes

Bild 11

Die Fliege von 15 mm Länge wurde auf feuchter Erde in einem Weckglas aus einer Rachenbremsenlarve gezüchtet. Sie schlüpfte nach 26 Tagen bei Zimmertemperatur. Die Fliege schwärmt im Hochsommer und legt lebende Larven an der Nasenöffnung des Rehes ab.
Links unten im Bild Kot der Fliege.

Dasselfliegenlarven des Rehwildes

Bild 12

Das Bild zeigt die Innenseite der Rückenhaut eines Stück Rehwildes mit verschieden großen Dasselfliegenlarven. Die Unterhaut ist entzündet und gerötet. In der Haut erkennt man mehrere runde Löcher, dabei handelt es sich um Atemlöcher von bereits zur Verpuppung ausgewanderten Dasselfliegenlarven. Diese Löcher heilen niemals wieder mit Hautgewebe zu, deshalb ergeben sich nach dem Gerben Löcher im Leder.

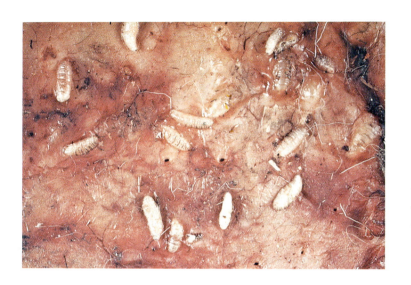

Aktinomykose (Strahlenpilz) bei einer Ricke im Unterkiefer

Bild 13

Einseitige starke Auftreibung des Unterkiefers. Der Knochen ist nicht kompakt sondern typisch mit vielen runden Abszessen, die mit gelbgrauem, nicht flüssigem Eiter gefüllt sind, durchsetzt. Die Abszesse sind von einer porösen, dünnen, knöchernen Kapsel umgeben. Ausgangspunkt ist die beim Zahnwechsel entstehende Zahnlücke zwischen dem 3. Prämolaren und dem 1. Molaren. Nach dem Abkochen erkennt man die vielen runden Abszeßhöhlen im aktinomykotisch veränderten Knochen. Die Knochenverdickung, aber auch die Brüchigkeit, schreiten unaufhaltsam fort.

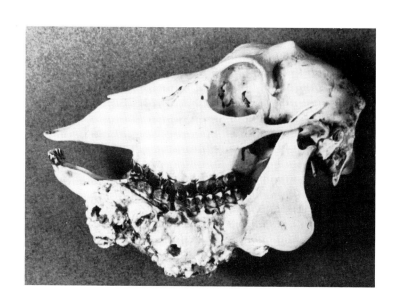

**Abszeßbildung
an einer Backzahnwurzel**

Bild 14

Im Gegensatz zum Strahlenpilz ist hier eine knochenummantelte Abszeßhöhle zu erkennen. Sie geht von der Wurzel des linken P$_3$ aus. Der Eiter hatte sich an zwei Stellen Abfluß nach außen verschafft. Man kann dies an einem großen Loch im knöchernen Abszeßmantel sehen. Der Unterkiefer stammt von einem Jährlingsbock. P$_3$ ist nicht gewechselt.

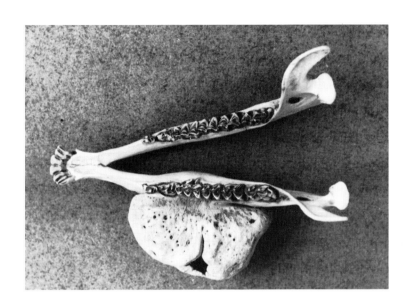

Ricke mit Lymphknotenvereiterung

Bild 15

Die Nasenspitze der Ricke ist deutlich vergrößert. Man erkennt Eiterabfluß im Einschnitt an der Nasenspitze. Die Ricke hatte sich ein Stück Draht in die Oberlippe eingestochen und es kam zur Eiterung. Die zugehörigen Lymphknoten filterten die abfließende Lymphe ab und wurden dadurch selbst infiziert, ungewöhnlich vergrößert und vereiterten ebenfalls. Dieses Bild kann stellvertretend für Eiterungen in allen Körperbezirken angesehen werden, weil fast alle Organe ihren zugehörigen Lymphknoten haben und diese bei Abszeßbildungen Giftstoffe und Eiterbakterien aufnehmen. Dabei vergrößern sich die Lymphknoten immer und zeigen dem Betrachter an, daß im Abfilterungsgebiet des betroffenen Lymphknotens ein krankhafter Prozeß abläuft.

Rehbock mit Tollwutverdacht

Bild 16

Der Rehbock hat sein noch nicht fertig geschobenes Gehörn zur Unzeit gefegt. Das verursacht sehr große Schmerzen. Scheuerstellen am Kopf, vor allem auf der Stirn, erwecken Tollwutverdacht. Ein normal empfindendes Tier würde wegen der großen Schmerzhaftigkeit das Gehörn niemals zur Unzeit fegen.

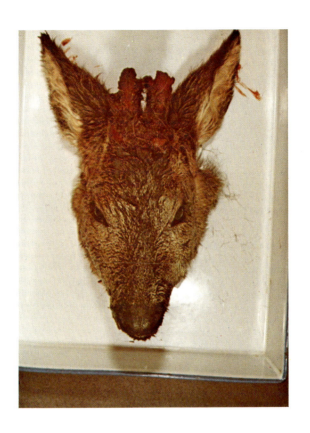

Rehbock
mit bösartigem Tumor im Kopf
Bild 17

Vor der Augenhöhle ist ein großer Defekt im Schädel erkennbar. Dieser Defekt stellt eine infiltrativ, d. h. bösartig wachsende Geschwulst des Siebbeines dar. Der Tumor war in die vorderen Teile des Gehirns eingebrochen und hatte zu zentral nervösen Erscheinungen geführt. Der Bock hatte mehrere Menschen angenommen und war wegen Tollwutverdachts erlegt worden. Auf dem Kopf ist der Rosenstock zu sehen. Der Bock hatte gerade abgeworfen.

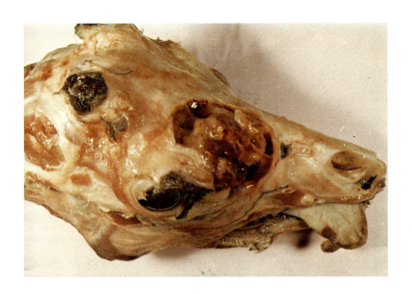

Oberarmknochenbruch beim Reh

Bild 18

Die Abbildung zeigt oben den normalen Ober- und Unterarmknochen eines Rehbockes. Unten ist ebenfalls Ober- und Unterarmskelett eines Bockes abgebildet mit etwa in der Mitte gebrochenem Oberarm. Die Bruchstellen wurden durch Muskelzug aneinander vorbeigezogen und heilten dann seitlich wieder zusammen. Dadurch erscheint der Knochen verkürzt. Dies ist beim Bruch des Oberarmknochens der Normalverlauf.

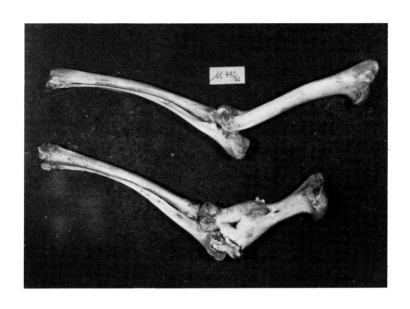

Überfressen bei Rehwild

Bild 19

Pansen stark gefüllt mit Mais, Weizen und Trockenschnitzeln (oben) und blutig entzündeter Labmagen (unten). Im Pansen und im Labmagen sind mehrere Kilo hochwertigen Futters, das z. T. unzerkleinert und unverdaut in den blutig entzündeten Labmagen und Dünndarm durchgegangen ist. Eine solche Masse hochwertigen Futters kann wiederkäuendes Schalenwild nicht vertragen. Es geht mit großer Sicherheit daran nach einer akuten blutigen Labmagen-Dünndarm-Entzündung ein. Wiederkäuendes Schalenwild muß artgerecht, d. h. mit genügend Rohfaser in der Äsung, gefüttert werden.

Mißbildung eines Rehkitzes

Bild 20

Das abgebildete Rehkitz zeigt Dackelbeinigkeit und Mopsköpfigkeit. Die Läufe sind viel zu kurz und verkrüppelt und der Oberkiefer ist ebenfalls zu kurz. Eine ähnliche Kombination von Mißbildungen ist auch bei anderen Tierarten, vor allem beim Schaf und Hund bekannt geworden. Das Rehkitz war nicht lebensfähig. Es dürfte sich hier um eine erbliche Mißbildung handeln.

Lungenspitzenlappen eines Rottieres mit alter Verletzung durch einen Ast

Bild 21

Das Alttier erschien vor dem Erlegen völlig gesund. Als Gelegenheitsbefund wurde in der Lunge ein 6 cm langer fast reaktionslos eingeheilter Kiefernast gefunden, den sich das Stück zwischen den beiden vorderen Rippen hindurch in die Lunge gestoßen haben muß. Dieses Bild verdeutlicht die gute Heilungstendenz von Verletzungen bei Wildtieren.

Die bindegewebige Kapsel um das Aststück ist aufgeschnitten. Somit liegt der Ast frei.

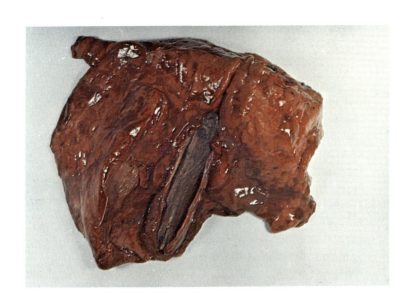

Kopfschuß beim Rotwild

Bild 22

Auf dem Querschnitt des Rotwildkalbkopfes ist ein großer Defekt im Bereich des Siebbeines und der Nasenhöhle erkennbar. Das Stück verhielt sich vor dem Erlegen normal. Der Büchsenschuß erfolgte einige Wochen vorher mit einem 7-mm-Teilmantel-Rundkopfgeschoß. Der quer durch den Kopf verlaufende Schußkanal hinterließ keine schwerwiegenden Schäden. Es ist dies ein Beispiel für die Härte des Rotwildes.

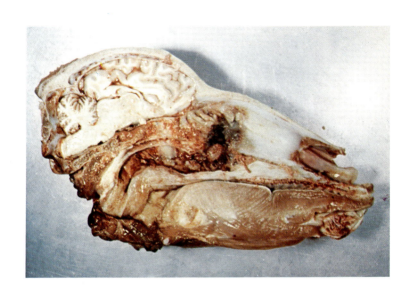

Leberegelbefall beim Muffelwild

Bild 23

Die Muffelwildleber ist dadurch gekennzeichnet, daß an der großen kompakten Wiederkäuerleber eine Gallenblase vorhanden ist. Die Leber ist stark fettig degeneriert; das erkennt man an der gelbbraunen Verfärbung. Die Gallengänge in der Leber erscheinen als stark verdickte, mit Eiter gefüllte Stränge. Befall mit großen Leberegeln schädigt das Lebergewebe stark.

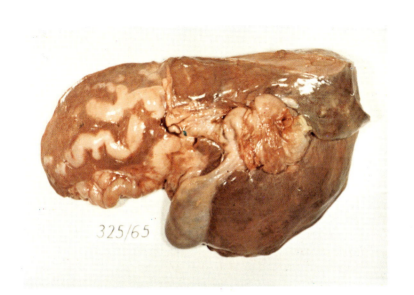

Schalenauswachsen beim Muffelwild

Bild 24
Bild 25

Die zwei abgebildeten Läufe stammen von einem Muffelwidder. Alle vier Schalen sind ausgewachsen, ab- bzw. ausgebrochen, und bei dem links abgebildeten Lauf sieht man, daß sich das Schalenwandhorn von der Schale abgelöst hat. Das untere Bild zeigt eine Vorderlaufspitze im Querschnitt. Das graue Gewebe vorn in der Schale zeigt verfaultes Knochengewebe des Schalenbeines an. Hier ist wegen Ausbrechens der Schalenspitze ein Fäulnisprozeß tief in den Hornschuh eingedrungen. Der Zwischenschalenspalt erweist sich als unverändert und trocken. Schalenauswachsen ist bei Muffelwild, das auf ungeeignetem Gelände gehalten wird, der häufigste pathologische Befund. Dieses Krankheitsbild hat mit der Moderhinke nichts zu tun; es entsteht allein durch ungeeignete Bodenverhältnisse.

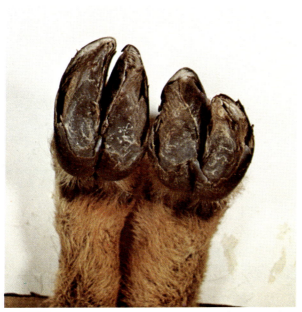

Muffelwidder-Einwachser

Bild 26

Die Schnecken sind auf die Hinterseite des Halses zu gewachsen. Durch Kopfbewegungen haben die Schnecken Scheuerstellen auf der Halshinterseite hinterlassen. Die Schnecken würden sehr bald in den Hals einwachsen, deshalb ist der Abschuß dringend geraten.

Schweinepest

Bild 27

Die Abbildung zeigt den vorderen Teil der Lunge, die Luftröhre und den Kehlkopf. Bei Schweinepest ist der Blutgefäßschaden besonders charakteristisch. Deswegen kommt es zu Blutungen in den Organen und zu blutigen Infiltrationen in den Lymphknoten. Hier kann man die Blutungen im Lungengewebe und in der Kehldeckelschleimhaut sehr gut erkennen.

Ganz rechts liegen 2 blutig infiltrierte Lymphknoten auf der Luftröhre und dem Schlund.

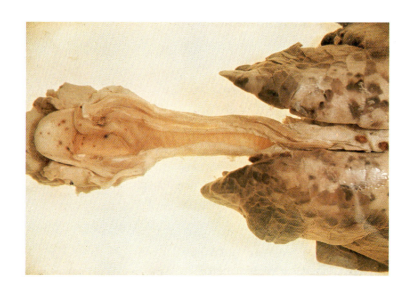

Postmortale Schußverletzung
Bild 28

Das Sprunggelenk des Damschauflers wurde mit 8 × 57-IRS-Teilmantelgeschoß durchschossen. Dabei wurde der Unterschenkelknochen zertrümmert und feinste Blutpartikel aus dem Schußkanal in die direkte Umgebung gepreßt. Bei einem Büchsenschuß zu Lebzeiten hätte es bei dieser Knochenzertrümmerung schwere, dunkelrote Blutungen im umgebenden Gewebe gegeben.

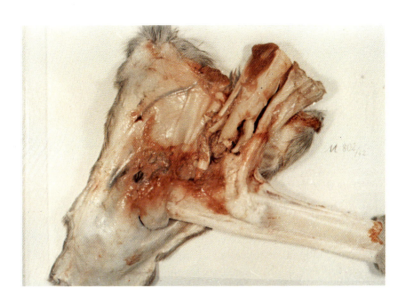

Trichinose einer Wildkatze

Bild 29

Das Bild zeigt eine mikroskopische Aufnahme eines Quetschpräparates aus dem Zwerchfell einer Wildkatze (50fache Vergrößerung). In der Muskelprobe liegt eine runde abgekapselte Trichinenlarve; sie hat sich in der Kapsel eingerollt.

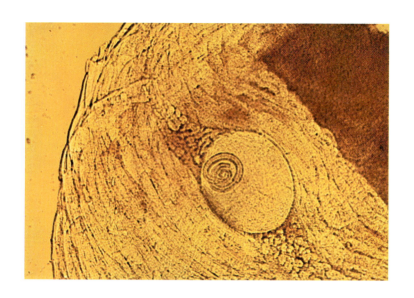

Myxomatose beim Wildkaninchen
Bild 30

Das Kaninchen zeigt einen verdickten Kopf, weil die Unterhaut gallertig durchtränkt ist. Besonders stark tritt dies in der Regel am Ohrmuschelansatz auf.

Die Augenlider sind wegen einer starken Bindehautentzündung verklebt. Die Hodensackhaut ist ebenfalls gallertig verdickt. Darum erscheinen die Hoden zu groß. Um das Waidloch herum ist die Haut geschwollen und entzündet.

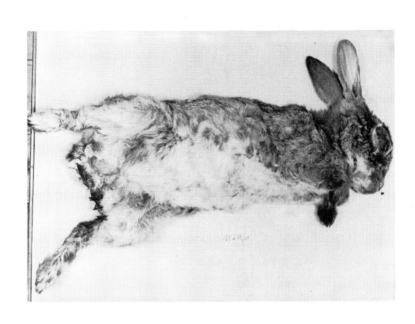

Rotwurmbefall beim Rebhuhn

Bild 31

Die Abbildung zeigt eine aufgetrennte und mit Stecknadeln weit ausgebreitete Luftröhre eines Rebhuhnes mit starkem Luftröhren- oder Rotwurmbefall. Im vorliegenden Präparat ist die Verteilung der Rotwürmer in der Luftröhre so, daß keine Erstickungsgefahr besteht. Besonders gefährlich wird es für Küken, wenn sich die Rotwürmer an der Gabelung der Luftröhre in den beiden Hauptbronchien ansammeln und zur Verlegung des Luftweges führen.

Die ziemlich großen Wurmweibchen sind blutrot, weil sie Blut saugen. Man kann sie meist schon von außen durch die Luftröhrenwand erkennen. Die Luftröhre ist durch den Wurmbefall gereizt und enthält leichtblutigen, zähen Schleim.

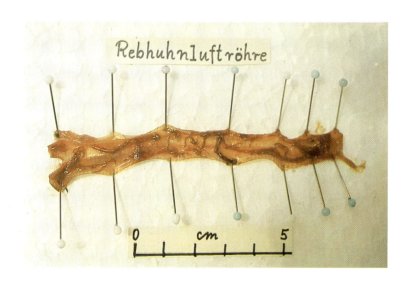

Fehlerhafte Beringung von Fasanen

Bild 32

Die Ständer von Fasanen nehmen während des Wachstums der Tiere erheblich an Umfang zu. Deshalb ist es ein schwerer Fehler, Jungfasanen Taubenringe anzulegen. Hier haben sich die Taubenringe tief in die Weichteile der Ständer eingeschnitten. Solche Tiere sind unrettbar verloren und gehen unter Qualen zugrunde.

Taubenpocken bei einer Ringeltaube

Bild 33
Bild 34

Taubenpocken treten an den unbefiederten Teilen der Haut als Pocken und als Hautnekrosen auf. Das obere Bild zeigt einen Ringeltaubenkopf mit einer großen Pocke am Schnabelwinkel. Es kommt auch zu Schnabeldeformierungen.

Das untere Bild läßt große abgestorbene Hautpartien (Nekrosen) an den Zehen erkennen. Darum können sich erkrankte Tauben oft nicht auf Ästen festhalten.

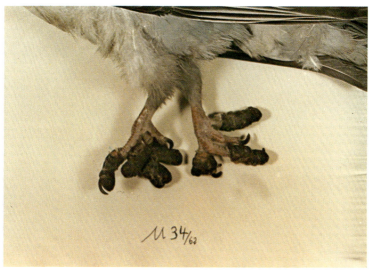

Literaturhinweise

Coccidien: Coccidia and Coccidiosis, 2. Auflage, L. P. Pellèrdy, Verlag Paul Parey, 1974.

Magen-Darm-Lungenwürmer:
1. Helminthologie, A. Kotlàn, Verlag der ungarischen Akademie der Wissenschaften, Budapest, 1960.
2. Veterinärmedizinische Parasitologie, 2. völlig neu bearbeitete und erweiterte Auflage, J. Boch u. R. Supperer, Verlag Paul Parey, 1977.

Leberegel: Der große Leberegel, K. Odening, A.-Ziemsen-Verlag, Die Neue Brehm-Bücherei, 1971.

Bakterielle Krankheiten: Spezielle Pathologie und Therapie der Haustiere 1. Bd., Hutyra, Marek, Manninger u. Mócsy, VEB Gustav-Fischer-Verlag, Jena, 1959.

Viruskrankheiten:

Tollwut: Bundesgesundheitsblatt 1975, Veröffentlichung einer Referatreihe über alle wichtigen Aspekte der Tollwut.

Grundsätzliches zur Epidemiologie und Bekämpfung der silvatischen Tollwut in der Bundesrepublik Deutschland, G. Wachendörfer, prakt. Tierarzt, **55** (1974), 685–690.

Schweinepest: Schweinepest, H. Mahnel, Ferdinand-Enke-Verlag, Stuttgart, 1974.

Alle Krankheiten: Lehrbuch der speziellen pathologischen Anatomie der Haustiere, 5. Aufl. 1. u. 2. Teil, Nieberle/Cohrs, Gustav-Fischer-Verlag, Stuttgart, 1970.

Wildkrankheiten, R. Wetzel u. W. Rieck, Verlag Paul Parey, 1972.

Inhaltsverzeichnis

Einleitung	5
Wildkrankheitsursachen	7
Die wichtigsten Krankheiten des einheimischen Wildes	9
Parasitenkreislaufschema	10
Parasitäre Krankheiten	11
Coccidiose der Hasen, Wildkaninchen und Fasanen	11
Sarkosporidienbefall	13
Schwarzkopfkrankheit	13
Magen- und Darmwurmbefall	14
Lungenwurmbefall	16
Rotwurmbefall (Syngamose) bei Vögeln	19
Trichinose	21
Haarwurmbefall	22
Kreuzlähme des Rotwildes	23
Leberegelbefall	25
Bandwurmbefall	28
Räude	29
Rachenbremsenlarvenbefall	31
Dassellarvenbefall	32
Viruskrankheiten	34
Tollwut	34
Aujeszkysche Erkrankung	37
Schweinepest	38

Myxomatose der Wildkaninchen	40
Geflügelpest	41
Geflügelpocken und Taubenpocken	43
Zeckenencephalitis	43
Ornithose	44
Bakterielle Krankheiten	46
Pseudotuberkulose der Nagetiere	46
Pasteurellose oder Hasenseuche	47
Salmonellosen oder Paratyphosen	49
Tularämie	49
Stapylokokkenerkrankung	50
Brucellose	51
Strahlenpilzerkrankung	52
Tuberkulose	53
Rotlauf	54
Gamsblindheit	55
Vergiftungen und deren Feststellung	56
Geschwülste	58
Verletzungen	60
Mißbildungen	62
Schalenauswachsen beim Schalenwild	65
Einsendung von Untersuchungsmaterial	67
Gesetzliche Grundlagen für die Wildseuchenbekämpfung und die Fleischbeschau	70
Bilderteil	75
Pseudotuberkulose Hase, subakute Form	76
Hase mit Magenwurm- und Lungenwurmbefall	78
Subakut verlaufende Pseudotuberkulose beim Hasen	80
Coccidiose Junghase, Übersichtsbild	82

Coddidiose des Hasen	84
Hase mit Schrotschußverletzung in der Lunge	86
Rehlunge mit Befall kleiner Lungenwürmer	88
Bandwurmfinnen im Muskelfleisch eines Rehbockes	90
Ecchinococcus-Bandwurmfinne in einer Rehleber	92
Rehbockkopf-Querschnitt mit Rachenbremsenlarven	94
Rachenbremse des Rehwildes	96
Dasselfliegenlarven des Rehwildes	98
Aktinomykose (Strahlenpilz) bei einer Ricke im Unterkiefer	100
Abzeßbildung an einer Backzahnwurzel	102
Ricke mit Lymphknotenvereiterung	104
Rehbock mit Tollwutverdacht	106
Rehbock mit bösartigem Tumor im Kopf	108
Oberarmknochenbruch beim Reh	110
Überfressen bei Rehwild	112
Mißbildung eines Rehkitzes	114
Lungenspitzenlappen eines Rottieres mit alter Verletzung durch einen Ast	116
Kopfschuß beim Rotwild	118
Leberegelbefall beim Muffelwild	120
Schalenauswachsen beim Muffelwild	122
Muffelwidder-Einwachser	124
Schweinepest	126
Postmortale Schußverletzung	128
Trichinose einer Wildkatze	130
Myxomatose beim Wildkaninchen	132
Rotwurmbefall beim Rebhuhn	134
Fehlerhafte Beringung von Fasanen	136
Taubenpocken bei einer Ringeltaube	138
Literaturhinweise	141